Sekundarstufe

U. Stolz & L.-S. Kohl

Lesetraining konkret!

Sinnerfassendes Lesen anhand von Sachtexten

5./6. Schuljahr

Lernen mit Erfolg
KOHL VERLAG
Der Verlag mit dem Baum
www.kohlverlag.de

Lesetraining konkret!
5./6. Schuljahr

1. Auflage 2014

Inhalt: Ulrike Stolz & Lynn-Sven Kohl
Coverbild: © pressmaster - fotolia.com
Grafik & Satz: Kohl-Verlag
Druck: Medienzentrum Süd, Köln

Bestell-Nr. 11 264

ISBN: 978-3-86632-505-0

Inhalt

KOHL VERLAG Der Verlag mit dem Baum
Lesetraining konkret! 5./6. Schuljahr – Bestell-Nr. 11 264

1. Attest

Dr. med. Maria Mustermann
Fachärztin für Allgemeinmedizin
und Augenheilkunde
Poststraße 1
01200 Musterhausen

Musterhausen, den 01.03.2013

Ärztliches Attest zur Vorlage in der Schule

Betr.: Schmitz, Joris; geb. am 02.02.2000; Geigerstraße 2, 01200 Musterhausen

Der Schüler Joris Schmitz ist seit 2005 in meiner ständigen haus- und augenärztlichen Betreuung. Bei dem Patienten ist eine genetisch bedingte Farbenfehlsichtigkeit (Dyschromatopsie) vorhanden. Die eingeschränkte Funktion eines Rezeptors hat eine Rot-Grün-Sehschwäche zur Folge.

Diagnose: Dyschromatopsie
Protanopie
Deuteranopie

gez. Dr. med. Maria Mustermann

Aufgabe 1

Suche aus dem Text alle Wörter heraus, die mindestens drei Silben haben. Schreibe sie hier auf.

Beispiel: früh mor gens

____

____

____

____

____

____

1. Attest

Aufgabe 2

Schlage in einem Lexikon oder im Internet die Bedeutung der folgenden Wörter nach:

a) Rezeptor: ______________________________

____

b) Protanopie: ______________________________

____

c) Dyschromatopsie: ______________________________

____

d) Deuteranopie: ______________________________

____

Aufgabe 3

Bei den folgenden Sätzen ist beim Schreiben etwas schiefgelaufen. Verbessere die Sätze so, dass sie den gleichen Sinn wie im Lesetext haben.

a) Der Schüler Joris Schmitz wurde am 27.02.2013 einmalig von mir behandelt.

____

____

b) Joris leidet an einer vorübergehenden Farbenfehlsichtigkeit.

____

____

c) Die Überfunktion des Rezeptors verursacht eine Rot-Gelb-Sehschwäche.

____

____

KOHL VERLAG Der Verlag mit dem Baum
Lesetraining konkret! 5./6. Schuljahr – Bestell-Nr. 11 264

2. Entschuldigung

Jutta Schmitz
Geigerstraße 2
01200 Musterhausen

Musterhausen, 18.03.2013

Entschuldigung

Sehr geehrter Herr Schröder,

unsere Tochter Jenny hat sich in der letzten Woche zum wiederholten Male mit Grippeviren infiziert. Sie ist in ärztlicher Behandlung gewesen und mit Antibiotika behandelt worden.

Auf ärztliches Anraten ist Jenny in der letzten Woche zu Hause geblieben, um die Infektion auszukurieren und konnte deshalb vom 11. - 15.03.2013 nicht am Unterricht teilnehmen. Wir bitten Sie freundlichst, das Fehlen unseres Kindes zu entschuldigen.

Unser Sohn Joris hat sich die anfallenden Hausaufgaben von Jennys Klassenkameradin Lena geben lassen. Jenny hat die Hausaufgaben nachgeholt und wird sie Ihnen vorlegen.

Mit herzlichen Grüßen
gez. Jutta Schneider

Aufgabe 1

Verbinde, was zusammengehört.

Jenny wurde ...	**A0**	**01**	*... Joris die Hausaufgaben.*
Der Arzt riet ...	**B0**	**02**	*... das Fehlen ihrer Tochter.*
Lena gab ...	**C0**	**03**	*... die Hausaufgaben nach.*
Jenny's Mutter entschuldigt ...	**D0**	**04**	*... mit Antibiotika behandelt.*
Jenny holte ...	**E0**	**05**	*... Jenny, eine Woche zu Hause zu bleiben.*

KOHL VERLAG Der Verlag mit dem Baum
Lesetraining konkret! 5./6. Schuljahr – Bestell-Nr. 11 264

2. Entschuldigung

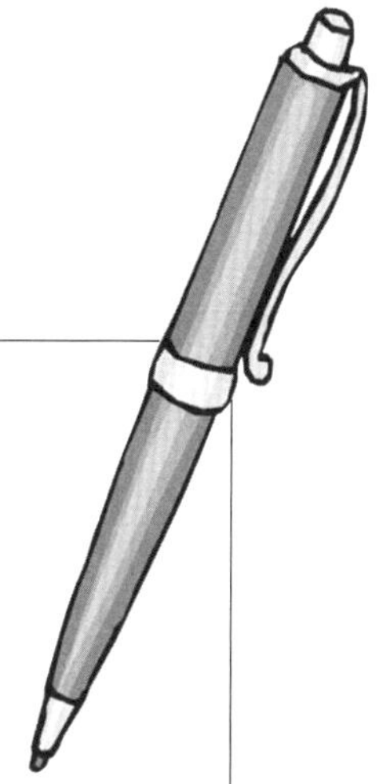

Merke!

Ein Entschuldigungsschreiben sollte folgende Aspekte beinhalten:

- ☑ Datum
- ☑ Anrede
- ☑ Auflistung von Gründen des Fernbleibens
- ☑ Zeitpunkt und Dauer des Fernbleibens
- ☑ Unterschrift

Aufgabe 2

Schreibe selbst eine Entschuldigung! Benutze dafür folgende Wörter:

Bauchschmerzen und Übelkeit - ärztliches Anraten
eine Woche fernbleiben - Hausaufgaben

Aufgabe 3

Erkläre mit deinen eigenen Worten, was die folgenden Begriffe bedeuten.
Du darfst in deiner Erklärung diesen Begriff aber nicht benutzen.

a) infizieren: ______________________________

b) auskurieren: ______________________________

c) Anraten: ______________________________

KOHL VERLAG Der Verlag mit dem Baum
Lesetraining konkret! 5./6. Schuljahr – Bestell-Nr. 11 264

3. Gedicht

Gehen wir

(von Jürgen Tille-Koch)

Im Park ist es cool
Oma ist krank
Peter wartet
Ich muss noch arbeiten
Gehen wir?

Der Film ist super
Mutter ist allein
Ein Burger …. ich möchte
Der Geldbeutel ist leer
Gehen wir?

Tolle Party
Es ist laut
Ich will ja wohl
Vater ist im Krankenhaus
Gehen wir?

Gehen wir ??!!

Aufgabe 1

Suche aus dem Text alle Adjektive heraus und schreibe sie unten auf.

____

____

____

____

KOHL VERLAG Der Verlag mit dem Baum
Lesetraining konkret!
5./6. Schuljahr – Bestell-Nr. 11 264

3. Gedicht

Aufgabe 2

Greife die Adjektive aus Aufgabe 1 auf und finde zu jedem jeweils ein Synonym und einen Gegensatz. ***Tipp****: Es sind 7 Adjektive!*

____

____

____

____

____

____

____

Aufgabe 3

Überlege dir drei Fragen zum Gedicht. Schreibe sie in dein Heft und beantworte sie selbst. Anschließend kannst du sie einem Mitschüler geben. Dieser soll sie auch beantworten.

a) ____

____

b) ____

____

c) ____

____

Merke!

Ein Gedicht kann sich reimen, muss aber nicht.
Meistens hat es eine Struktur, die aus Versen besteht.

KOHL VERLAG Der Verlag mit dem Baum
Lesetraining konkret! 5./6. Schuljahr – Bestell-Nr. 11 264

3. Gedicht

Aufgabe 4

Verfasse selbst ein Gedicht. Suche dir dazu eine der folgenden Aussagen aus.
Haben wir? Wollen wir? Spielen wir?
Nutze die gleiche Struktur wie beim Gedicht "Gehen wir". Schreibe das Gedicht in dein Heft.

Lesetraining konkret! 5./6. Schuljahr – Bestell-Nr. 11 264
KOHL VERLAG Der Verlag mit dem Baum

4. Notiz

Notizen zur Klassensprechersitzung

18.09.2013, 6. Stunde

- <u>Nachwahl eines Schülervertreters zur Schulkonferenz</u>
  - Jenny Schmitz einstimmig gewählt

- <u>Fasnachts-/Schulfete am Donnerstag, 27.02.2014</u>
  - Klassensprecher informieren ihre Klassen über die abgesprochenen Regeln und sind verantwortlich für das Einhalten
  - jede Schülerin/jeder Schüler bereitet eine Kleinigkeit für das kalte Büffet vor und stellt es zu Beginn dort ab; Klassensprecher organisieren in der Klasse

- <u>Projektwoche vom 17.03.-21.03.2014</u>
  - Alle Schülerinnen und Schüler, die bei der Organisation zum Projektthema "Gesund leben" helfen wollen, treffen sich am Freitag, den 21.02.2014 um 14 Uhr im SV-Büro

- <u>Sozialer Tag</u>
  - auch dieses Jahr geplant; die Gespräche mit der Schulleitung sind noch nicht abgeschlossen

- <u>Schulkiosk</u>
  - wird grundsätzlich erst zu Beginn der beiden großen Pausen und der Mittagspause geöffnet

- <u>Schulplaner</u>
  - es wird im nächsten Jahr schuleigene Planer geben
  - Vorschläge sind schnellstmöglich beim Schulsprecher einzureichen
  - die Planer werden für etwa 3,50 € zu erwerben sein

KOHL VERLAG Der Verlag mit dem Baum
Lesetraining konkret! 5./6. Schuljahr – Bestell-Nr. 11 264

4. Notiz

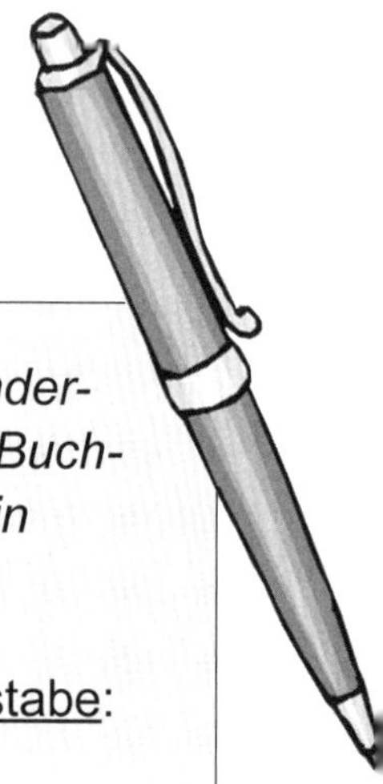

Aufgabe 1

Unten siehst du "Schüttelwörter". Hier sind die Buchstaben durcheinandergeraten. In jedem "Schüttelwort" aus dem Text versteckt sich aber ein Buchstabe, der nicht dazu gehört. Zusammen ergeben diese Buchstaben ein Lösungswort. Schreibe auch das Wort aus dem Text auf.

	Wort aus dem Text:	übriger Buchstabe:
a) hlNaSchwa	____________	________
b) chaeiltenn	____________	________
c) mieinfhornre	____________	________
d) nisuonatigaOr	____________	________
e) leilSchtuulng	____________	________
f) ttspaeuseMiag	____________	________

Aufgabe 2

Finde mindestens 6 Wörter, die den Wortstamm "sprech" in sich haben. Ein Beispiel ist Klassensprecher. Schreibe die weiteren Wörter an die Striche.

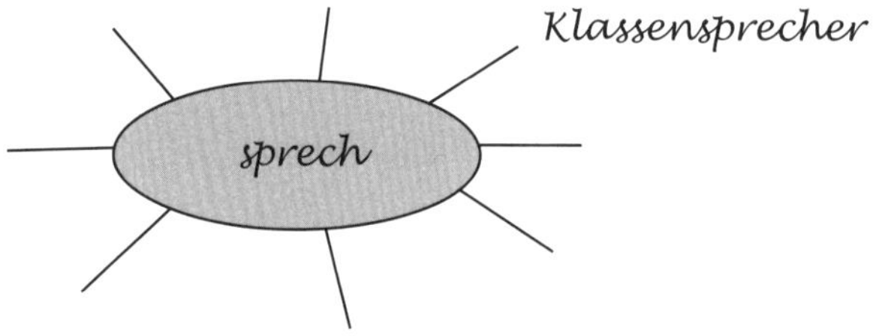

Aufgabe 3

Erkläre mit deinen eigenen Worten, was die folgenden Begriffe bedeuten. Du darfst in deiner Erklärung diesen Begriff aber nicht benutzen!

a) einstimmig: ____

b) verantwortlich sein: ________________________________

____

c) Organisation: ______________________________________

____

4. Notiz

Aufgabe 4

Welche Themen könnten bei eurer nächsten Klassensprecherwahl behandelt werden? Mache dir kurze Notizen zu den einzelnen Themenpunkten.

KOHL VERLAG Der Verlag mit dem Baum
Lesetraining konkret!
5./6. Schuljahr – Bestell-Nr. 11 264

5. Leserbrief

In der Tageszeitung „Westfälische Nachrichten“ erschien am 29.12.2012 ein Artikel mit dem Thema „Spendenaktion des Freundeskreises Zentralamerika – Verein baut eine Schule für die Lehrerbildung“.

Hinweis der Redaktion: Der folgende Leserbrief gibt die persönliche Meinung des Verfassers zu diesem Thema wieder.

Verein baut eine Schule für die Lehrerbildung

Ich habe den Artikel über die Aktivitäten des "Freundeskreises Zentralamerika (FZA)" mit großem Interesse gelesen. Es ist eine ernüchternde Tatsache, dass es in der Bildung und Ausbildung von Lehrern Situationen gibt, die wohl nur durch Aktionen und Menschen, wie hier geschildert, ein wenig gemildert werden können. Ich möchte ausdrücklich betonen, das ich mich über das ehrenamtliche Engagement und die Zielsetzung dieses Kreises freue und das gesammelte Spendengeld sicherlich sinnvoll angelegt ist. Und ich warte gespannt auf die nächsten Artikel, die nach dem Spatenstich im Frühjahr 2013 über Richtfest und Fertigstellung der Schule in San Pedro/Guatemala berichten.

Ich möchte mit meinem Leserbrief allerdings die Aufmerksamkeit auf einen anderen Aspekt richten und vor der eigenen Tür kehren. Wie sieht es eigentlich an unseren Schulen aus? Womit müssen unsere Kinder täglich leben? Liebe Leser, aus eigenem Erleben weiß ich: nicht anders, teilweise sogar noch schlimmer!

Die sanitären Anlagen sind teilweise zerstört, unbrauchbar und hygienisch eine Zumutung. Klassenräume und Mobiliar sind teilweise zerstört und demotivierend. Wichtige Unterrichtsmaterialien können aus Geldmangel nicht angeschafft werden. Es fehlen Klassen- und Fachräume, die vorhandenen Räume sind wegen der immer noch großen Schülerzahlen oft überfüllt und verhindern erfolgreiches Lernen.

Geld für Renovierung oder Neubauten ist nicht vorhanden.
Ich schlage daher einen "Freundeskreis zentrales Münsterland (FZM)" vor, der Spendengelder für Renovierungen und Neubauten von Schulen und Schulräumen sammelt, damit auch ein wenig zweckgebundenes Geld bei uns bleibt.

Name und Adresse des Verfassers sind der Redaktion bekannt.

KOHL VERLAG Der Verlag mit dem Baum www.kohlverlag.de
Lesetraining konkret! 5./6. Schuljahr - Bestell-Nr. 11 264

5. Leserbrief

Aufgabe 1

Lies die folgenden Sätze aufmerksam durch. Ist die Aussage inhaltlich richtig, zeichne ein glückliches Gesicht ☺ in den Kreis. Zeichne ein trauriges ☹, wenn nicht. Achtung: Du darfst jetzt nicht mehr im Text nachlesen!

1.	*Der "Freundeskreis Zentralamerika" sammelt Spenden für den Bau einer Schule für die Ausbildung von Lehrern.*	○
2.	*Der Verfasser des Leserbriefes freut sich darüber.*	○
3.	*Er merkt allerdings an, dass auch die Eltern der Schüler ein neues Haus benötigen würden.*	○
4.	*Die sanitären Anlagen in den Schulen sind in einwandfreiem Zustand.*	○
5.	*Die Klassen- und Fachräume fehlen oder sind zu klein.*	○
6.	*Es ist ausreichend Geld für Renovierungen vorhanden.*	○
7.	*Der Verfasser schlägt einen "Freundeskreis zentrales Münsterland (FZM)" vor.*	○

Aufgabe 2

Suche aus dem Text alle Adjektive heraus und schreibe sie unten auf.

____

____

____

____

____

Aufgabe 3

Was denkst du über den Zustand deiner Schule? Verfasse deinen eigenen Leserbrief. Du kannst auch Stellung zum Leserbrief vorne nehmen. Schreibe ins Heft.

6. Zeitungsbericht

Abendzeitung München vom 08.12.2012

Schüler-Projekt in München - Ein Knigge für das Handy

Ausschalten im Kino und im Gerichtssaal, Schlussmachen auf keinen Fall per SMS: Münchner Schüler haben einen Ratgeber für das Mobiltelefon erstellt - hier sind ihre Tipps.

MÜNCHEN - Für sie ist es wohl der meistgeliebte Alltagsgegenstand. Allein am Umgang hapert es manchmal. Viele Jugendliche verschulden sich mit Apps, Abos und Verträgen. Schlimmstenfalls werden Gewalt- und Pornovideos herumgereicht. An bayerischen Mittelschulen sind Handys deswegen sogar verboten.
Aber wer bringt den jungen Leuten dann den richtigen Umgang mit dem Medium Handy bei? Hier kommt der Verein „Ökoprojekt MobilSpiel“ ins Spiel. Er bietet seit über drei Jahren das Projekt „Handyinfo“ an Mittelschulen an. Aktuell bei den 9. Klassen in der Ramersdorfer Führichstraße. „Es ist unheimlich wichtig, dass Jugendliche lernen, ihren Umgang mit dem Handy zu hinterfragen“, sagt Mitarbeiter Alexander Cerwenka. In Workshops wird eine Broschüre rund ums Thema erarbeitet. Von Schülern für Schüler – von Handystrahlung, Kostenfallen und Umgangsformen bis zum Recycling. Die AZ hat sich das bunte Heftchen mal angesehen und fasst einige Tipps zusammen:

<u>Achtung Kostenfallen!</u>
„Klingeltöne, Spiele und Apps können teuer werden. Eine Prepaid-Karte schützt vor hohen Rechnungen.“

<u>SMS kann man schreiben, wenn:</u>
„Jemand gerade nicht erreichbar ist.“, „Man jemanden nicht stören will.“
„Für kurze Informationen.“

<u>SMS sind ungeeignet, um:</u>
„Einen Notfall zu melden.“, „Eine Krankschreibung mitzuteilen.“
„Persönliche Dinge zu klären, etwa eine Beziehung zu beenden.“

<u>Ausschalten sollte man das Handy:</u>
„Beim Vorstellungsgespräch.“, „In Schule und Arbeit.“, „Im Kino.“
„Im Gerichtssaal.“

<u>Wohin mit meinem alten Handy?</u>
„Es gehört auf den Wertstoffhof, nicht in den Hausmüll, da es giftige Stoffe und kostbare Rohstoffe enthält.“, „Gebrauchte Handys sollte man spenden.“

KOHL VERLAG Der Verlag mit dem Baum
Lesetraining konkret! 5./6. Schuljahr – Bestell-Nr. 11 264

6. Zeitungsbericht

Aufgabe 1

Überlege dir mindestens 3 Regeln, die für dich und deine Umwelt mit dem Handy gelten sollten.

Aufgabe 2

Du möchtest ein neues Smartphone haben. Deine Eltern erlauben es dir nicht. Überlege dir 3 Argumente, die sie überzeugen könnten (pro) und 3 Argumente, die sie dir vorhalten könnten (contra).

pro	contra

Aufgabe 3

Die Sätze sind inhaltlich nicht richtig. Schreibe die Sätze berichtigt in dein Heft.

a) Schick deiner Freundin eine SMS, um mit ihr Schluss zu machen.

b) Lass das Handy im Vorstellungsgespräch auf jeden Fall an, damit du bei Unklarheiten deinen Telefonjoker anrufen kannst.

c) Eine kurze SMS reicht aus, um deiner Lehrerin zu sagen, dass du krank bist.

Aufgabe 4

Recherchiere im Internet, was mit alten Handys passiert. Beschreibe den Weg deines Handys von der Produktion bis zu einem Ende deiner Wahl in deinem Heft.

KOHL VERLAG Der Verlag mit dem Baum
Lesetraining konkret!
5./6. Schuljahr – Bestell-Nr. 11 264

7. Gesund leben

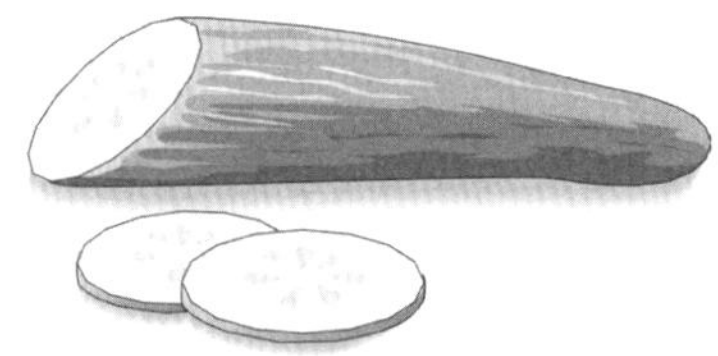

Übergewicht [3]

Was ist Übergewicht?
Das sagt das medizinische Lexikon dazu:
„Eine über das Normalmaß hinausgehende Erhöhung des Körpergewichts wird als Übergewicht (Adipositas) bezeichnet. Unter Übergewicht (Adipositas) wird eine Vermehrung der Körperfettmasse verstanden. Übergewicht erlangt dann einen Krankheitswert, wenn mit ihm eine Beeinträchtigung wichtiger Organfunktionen bzw. eine erhöhte Sterblichkeit verbunden ist. Wünschenswert ist ein Körpergewicht, das die Lebenserwartung nicht verkürzt.“

Welche Folgen hat Übergewicht?
Die gesundheitlichen Folgen des Übergewichts sind vielfältig und können fast jedes Organ betreffen:

- Herz-Kreislauf-System
- Lungenfunktion
- Diabetes (Zuckerkrankheit)
- Gicht
- Krebs
- schmerzhafte Gelenkbeschwerden, besonders an den Hüften, den Knien und im Bereich der Sprunggelenke.

Die daraus entstehenden Kosten für Krankenhausaufenthalte, Medikamente, Arbeitsausfall usw. belasten unser Gesundheitssystem erheblich.

Gründe für die Entstehung von Übergewicht
Bei der Entstehung von Übergewicht spielen viele Faktoren eine Rolle.

- Übergewicht kommt innerhalb einer Familie oft gehäuft vor.
  1. Kinder von übergewichtigen Eltern haben ein um ein Mehrfaches höheres Risiko, im späteren Leben selbst übergewichtig zu werden, als Kinder von schlanken Eltern („Übergewicht wird vererbt“).
  2. In Familien werden über die Erziehung übergewichtsfördernde Verhaltensmuster weitergegeben.
- Störungen des Energiestoffwechsels
- Störungen im Essverhalten
  Übergewichtige Personen essen häufiger und schneller. Sie erreichen erst spät ein Sättigungsgefühl. Sie schätzen außerdem die tatsächliche Energiezufuhr zu niedrig ein.
- Soziale Faktoren
  Das Körpergewicht hängt auch von der sozialen Schicht und vom Bildungsstand ab. Übergewicht ist in Bevölkerungsschichten mit geringem sozialen Status und Bildungsgrad stark verbreitet.
- Psychologische Faktoren
  1. Übergewichtige Menschen haben häufig ein geringeres Selbsbewusstsein als Normalgewichtige. Sie sind oft ängstlich und unsicher. Sie sind anfälliger gegenüber äußeren Einflüssen jeder Art. Auf negative Gefühle oder Stress reagieren sie oft mit einer gesteigerten oder übermäßigen Nahrungsaufnahme.
  2. Viele Kinder bekommen Nahrung als Ausdruck oder Ersatz von Zuwendung. Diese Kinder können so kein angemessenes Selbstwertgefühl entwickeln. Sie lernen so auch nicht, Hunger und Sättigung richtig zu erkennen. Außerdem machen sie früh die Erfahrung, dass sie sich durch Nahrungsaufnahme bei Unbehagen oder Angst Erleichterung verschaffen können. So kommt es auch ohne Hunger in belastenden Situationen zur Nahrungsaufnahme.

[3] Schlote, Christine: Der gesunden Ernährung auf der Spur. Kohl-Verlag, Kerpen 2010

KOHL VERLAG Der Verlag mit dem Baum
Lesetraining konkret! 5./6. Schuljahr – Bestell-Nr. 11 264

7. Gesund leben

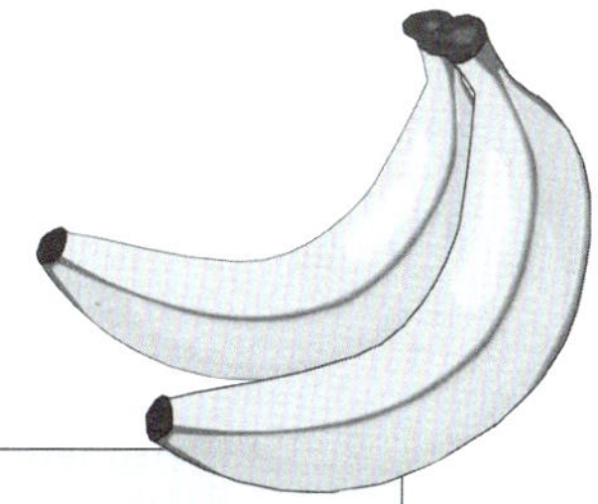

Aufgabe 1

Beantworte die folgenden Fragen in vollständigen Sätzen. Unterstreiche dafür zunächst die benötigten Informationen farbig im Infotext! Schreibe in eigenen Worten.

a) Was ist Übergewicht? (blau)

b) Welche Folgen hat Übergewicht? (grün)

c) Wodurch kann Übergewicht entstehen? Schreibe Stichworte! (rot)

Aufgabe 2

Schau im Lexikon oder im Internet nach, was die folgenden Wörter bedeuten.

a) Diabetes:

b) Gicht:

c) Herz-Kreislauf-System:

KOHL VERLAG Der Verlag mit dem Baum www.kohlverlag.de
Lesetraining konkret!
5. - 6. Schuljahr - Bestell-Nr. 11 264

8. Formulare

Anmeldung

Bitte in Druckbuchstaben schreiben!
Kinder derselben Familie bitte unter demselben Elternnamen anmelden (Gebührenermäßigung)!

Erziehungsberechtigte: Jutta Schmitz
Geigerstraße 2
01200 Musterhausen
Tel. 0011, Mobil 0123-456789, Email <jschmitz@email.eu>
Monatlicher Newsletter gewünscht ☒ ja ☐ nein

Zahlungspflichtige: Jutta Schmitz (wie oben)

Schülerin: Jenny Schmitz, geb. 01.04.2005
Geigerstraße 2
01200 Musterhausen.

Ich melde meine Tochter zu folgendem Unterricht an: (bitte ankreuzen)

Instrumentalunterricht von jeweils 45 Minuten

☐ Klassenunterricht (ab 8 Schüler) mtl. € 25,50
☐ Maxigruppe (5-7) mtl. € 31,50
☒ Minigruppe 1 (2) mtl. € 60,-
☐ Minigruppe 2 (3-4) mtl. € 42,-
☐ Einzelunterricht mtl. € 96,-

Ich wünsche die Teilnahme am Unterricht in

☒ Gitarre ☐ Akkordeon ☐ Violine ☐ Klarinette ☐ Querflöte ☐ Trompete
☐ Klavier ☐ Saxophon ☐ Posaune ☐ Schlagzeug ☐ Gesang

☒ Instrument vorhanden
☐ Instrument leihen (ausgenommen Klavier und Schlagzeug)

mtl. Leihgebühren

€ 11,00 Gitarre, Akkordeon
€ 22,00 Violine, Klarinette, Querflöte, Trompete, Saxophon, Posaune

Die Musikschule Musterhausen bietet neben dem Instrumental- und Vokalunterricht auch Ensemblespiel und Singen im Chor an – sprechen Sie uns an!

☒ Mit der Schulordnung und der Gebührenordnung bin ich einverstanden.

Musterhausen, 05.01.2013

Jutta Schmitz

KOHL VERLAG Der Verlag mit dem Baum
Lesetraining konkret! 5./6. Schuljahr - Bestell-Nr. 11 264

8. Formulare

Aufgabe 1

Erkläre mit deinen eigenen Worten, was die folgenden Begriffe bedeuten. Du darfst in deiner Erklärung diesen Begriff aber nicht benutzen.

a) Violine: ______________________________

____

b) Ensemblespiel: ______________________________

____

c) Chor: ______________________________

____

Aufgabe 2

Bilde aus den folgenden Wörtern eigene Sätze! Achte unbedingt darauf, dass deine Sätze inhaltlich zum Lesetext passen!

a) **Instrument leihen - Posaune - monatliche Leihgebühr**

____

____

b) **Anmeldung - Erziehungsberechtigter - Chor**

____

____

c) **Instrumentalunterricht - 45 Minuten - Einzelunterricht - 96 €**

____

____

d) **Geschwister - Musikschule - Gebührenermäßigung**

____

____

KOHL VERLAG Der Verlag mit dem Baum
Lesetraining konkret! 5./6. Schuljahr – Bestell-Nr. 11 264

9. Spieleanleitung

Spielanleitung „Blindfuchs“

Bei diesem Klassen- oder Partyspiel treten zwei bis vier gleich große Teams gegeneinander an, um auf einem abgesteckten Parcours mit verbundenen Augen das Ziel ohne Berührungen der abgesteckten Grenzen zu erreichen. Das Spiel ist für draußen und drinnen geeignet.

Vorbereitung:
Ein Parcours wird entsprechend der Anzahl der mitspielenden Teams abgesteckt:

- Kreidestriche auf einem befestigten Platz oder in einer Halle
- Muster auf einem Plattenboden
- Einzeichnen von Linien oder Auslegen von Stangen (siehe Abbildung) auf einem Sandplatz oder in einer Halle
- …

Tücher zum Verbinden der Augen werden bereitgelegt.

Spielregeln:

- Team 1 beginnt, der erste Teilnehmer geht mit verbundenen Augen auf den Parcours.
- Er entscheidet, wie lange er voran geht und bleibt dann stehen.
- Hat er bis dahin keine Linie übertreten oder berührt, geht das Team beim nächsten Versuch von hier weiter.
- Hat er jedoch die Linie berührt oder ist übergetreten, so gilt dieser Versuch als ungültig. Der nächste Teilnehmer startet dann an der zuletzt gültigen Position.
- Nach einem Stopp oder einem Fehler ist das nächste Team an der Reihe usw..
- Gewonnen hat das Team, das zuerst das Parcoursende erreicht hat.
- Geben von Tipps und Vorsagen durch das eigene Team macht den Versuch sofort ungültig.
- Verunsicherungen durch das gegnerische Team sind erlaubt. Berühren, Stoßen usw. allerdings nicht.

Aufgabe 1

Beantworte die folgenden Fragen in vollständigen Sätzen. Unterstreiche dafür zunächst die benötigten Informationen farbig im Infotext.

a) Wer spielt mit? (blau)

____

____

KOHL VERLAG Der Verlag mit dem Baum
Lesetraining konkret! 5./6. Schuljahr – Bestell-Nr. 11 264

9. Spieleanleitung

Aufgabe 1

b) Was ist das Ziel des Spiels? (grün)

____

____

____

c) Welches Material benötigt man, um das Spiel aufzubauen? (rot)

____

____

____

____

d) Wo kann man das Spiel spielen? (gelb)

____

____

Aufgabe 2

Was ist richtig? Kreuze die richtigen Spielregeln an.

☐ **a)** Der Spieler, der dran ist, darf selber entscheiden, wie weit er gehen möchte.

☐ **b)** Wird die Linie von einem Spieler übertreten, so muss sein Team eine Runde aussetzen.

☐ **c)** Berührungen des gegnerischen Teams sind erlaubt.

☐ **d)** Geben Mitglieder des eigenen Teams Tipps, so wird dieser Versuch als gültig erklärt.

☐ **e)** Das gegnerische Team darf den Spieler verunsichern, ohne ihn dabei jedoch zu berühren.

☐ **f)** Wurde keine Linie übertreten, so muss der nächste Spieler wieder am Startpunkt beginnen.

KOHL VERLAG Der Verlag mit dem Baum www.kohlverlag.de
Lesetraining konkret! 5./6. Schuljahr - Bestell-Nr. 11 264

10. Brief

Schillerschule
Klasse 5 a
Schulstraße 1-6
01200 Musterhausen

25.02.2013

An das
Rathaus
Der Bürgermeister
Rathausstraße 1
01200 Musterhausen

Sehr geehrter Herr Bürgermeister Schmidt,

bei unserem Unterrichtsprojekt „Meine Stadt“ haben wir uns über die Verschmutzung unserer Stadt durch Hundekot sehr geärgert.
Jetzt haben wir nach Arbeit in Gruppen einen Vorschlag entwickelt, wie dieser Zustand geändert werden kann. Mit diesem Brief, den wir gemeinsam entworfen haben, möchten wir Sie über unsere Idee informieren.

Wir machen den Vorschlag, „schwarze Schafe“ mit Hilfe einer DNA-Datenbank zu überführen. So wird es z.B. in Israel in der Stadt Petach Tikva gemacht. Wir haben zwar herausgefunden, dass es in Deutschland derzeit keine rechtliche Möglichkeit gibt, Hundehalter zur Abgabe einer Stuhlprobe ihres Tieres zu verpflichten. Da wir uns sicher sind, dass auch Sie eine saubere Stadt wollen, werden Sie schon einen Weg finden!

Als Anreiz für eine Registrierung könnte die Stadt z.B. die Hundesteuer erhöhen, um die Einrichtung einer solchen Datenbank zu finanzieren. Gut wäre eine gleichzeitige Ermäßigung für Hundehalter, die ihre Tiere freiwillig registrieren lassen.

Auch Bußgelder für ertappte Häufchensünder könnten für Mehreinnahmen sorgen. Diese können dann für Reinigungsmaßnahmen oder die Aufstellung von Tütenspendern für Hundekot verwendet werden.

Andere Gemeinden wären sicherlich neidisch auf das Projekt Musterhausen und unsere saubere Stadt.

Wir hoffen auf die Unterstützung unserer Idee und freuen uns auf Ihre Antwort.

Mit freundlichen Grüßen
gez. Klasse 5 a

KOHL VERLAG Lernen mit Erfolg
Der Verlag mit dem Baum
Lesetraining konkret!
5./6. Schuljahr - Bestell-Nr. 11 264

10. Brief

Aufgabe 1

Sortiere die verschiedenen Aussagen des Briefes farbig, indem du sie mit unterschiedlichen Farben unterstreichst.

Blau = Absender	Grün = Problem	Rot = Empfänger
Orange = Vorschlag	Gelb = Betreff	Violett = Grußformel

Aufgabe 2

Beantworte folgende Fragen in vollständigen Sätzen. Formuliere dabei deine Antwort bitte in eigenen Worten. (Keine Zitate!)

a) Warum wendet sich die 5. Klasse an den Bürgermeister?

b) Wie will die Klasse das im Brief geschilderte Problem lösen?

c) Mit welchen Konsequenzen müssten die zukünftigen „Häufchensünder“ bei Umsetzung des Klassenprojekts rechnen?

Merke!

Du wirst im Leben um das Briefe schreiben leider nicht herumkommen. Darum ist es immer hilfreich, einen schnellen Überblick zu haben, wie man einen sachlichen Brief formuliert, strukturiert und was beim Verfassen alles zu beachten ist.

☑ 1. Briefkopf bestehend aus der Adresse des Absenders und Adressaten, oftmals steht oben rechts auch die Ortsangabe und das Datum.
☑ 2. Die Betreffzeile gibt den Anlass des Briefes wieder.
☑ 3. Wähle eine geeignete und höfliche Anrede!
☑ 4. Im Hauptteil führst du dein Anliegen aus.
☑ 5. Am Ende wählst du eine geeignete Grußformel und unterschreibst deinen Brief.

Lesetraining konkret! 5./6. Schuljahr – Bestell-Nr. 11 264
KOHL VERLAG Der Verlag mit dem Baum

11. Einladung

Einladung

zum „Tag der offenen Tür“
am Samstag, 16. November 2013, 14 – 17 Uhr

Informieren – Musizieren - Mitmachen

Am 16. November findet unser diesjähriger "Tag der offenen Tür" in den Räumen der Musikschule statt. Treffen Sie sich, informieren Sie sich, tauschen Sie sich aus und probieren Sie verschiedene Instrumente aus – und entdecken Sie Ihr Talent! Nicht nur die "Kleinen", sondern auch Erwachsene sind herzlich eingeladen.
Auch für das leibliche Wohl ist natürlich gesorgt.

Programm

14.00 Uhr	Orchester der Musikschule Saxophon-Ensemble Cajon-Gruppe
14.30 – 15.15 Uhr	Gitarre (akustisch), Raum 1 Gitarre (elektrisch), Raum 2 Akkordeon, Raum 3 Violine, Raum 4 Trompete, Raum 5 Klavier, Raum 6
15.15 – 15.45 Uhr	Die Lehrkräfte der Musikschule Musterhausen stehen für Gespräche, Austausch und Informationen in der Cafeteria zur Verfügung.
15.45 – 16.30 Uhr	Klarinette, Raum 1 Querflöte, Raum 2 Saxophon, Raum 3 Posaune, Raum 4 Gesang, Raum 5 Schlagzeug, Keller
16.30 Uhr	Luis Müller, Klavier Chor der Musikschule Die „Wir sind Band!“ der Musikschule

Das Kollegium der Musikschule freut sich auf euer und Ihr Kommen!

KOHL VERLAG Der Verlag mit dem Baum www.kohlverlag.de
Lesetraining konkret! 5./6. Schuljahr - Bestell-Nr. 11 264

11. Einladung

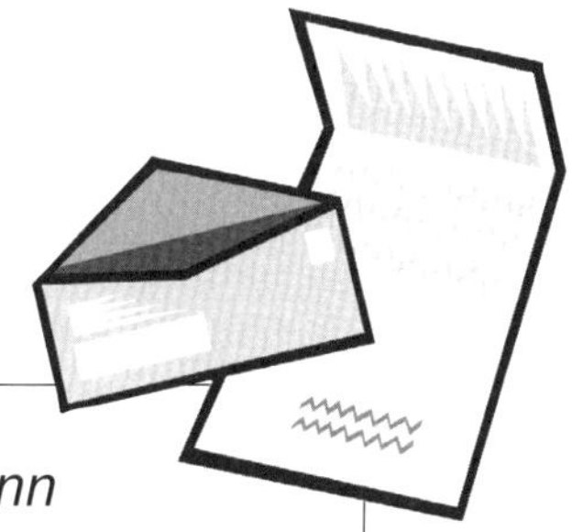

Aufgabe 1

Unterstreiche alle Verben in der Einladung. Bilde anschließend, wenn möglich, das Nomen (Substantiv) aus dem Verb und schreibe es daneben.
***Tipp**: Es sind insgesamt 8 Verben, die substantiviert werden können.*

	Verb		Nomen (Substantiv)
a)	______________________	-	______________________
b)	______________________	-	______________________
c)	______________________	-	______________________
d)	______________________	-	______________________
e)	______________________	-	______________________
f)	______________________	-	______________________
g)	______________________	-	______________________
h)	______________________	-	______________________

Aufgabe 2

Welche Instrumente werden beim „Tag der offenen Tür“ in der Musikschule vorgestellt? Kreuze an.

- ○ Saxophon
- ○ Klarinette
- ○ Akkordeon
- ○ Kontrabass
- ○ Querflöte
- ○ Bongos
- ○ Violine
- ○ Oboe
- ○ Cello

Merke!

Die Einladung ist oftmals ein Angebot (schriftlich oder mündlich) zu jemandem zu kommen, um beispielsweise etwas zu essen oder zu trinken ohne etwas bezahlen zu müssen. Sie ruft Menschen in einen Bereich oder Raum ein. Dabei sind folgende Punkte beim Verfassen einer Einladung zu beachten.

1. Der Anlass muss deutlich herausgehoben werden.
2. Eine Einleitung, wie beispielsweise „Hiermit möchte ich dich herzlich zu … einladen“ bildet den Kopf der Einladung.
3. Anschließend sollte man die Haupt-Fragewörter Wer?/Wann?/Wo? beantworten.
4. Das in Stichworten gehaltene Programm sollte aus den interessantesten Punkten bestehen.
5. Der Fuß der Einladung sollte eine nette Grußformel und eventuell eine Frist zum Bescheid geben enthalten (z.B.: „Bitte sage bis … Bescheid, ob du kommen kannst.“).

KOHL VERLAG Der Verlag mit dem Baum
Lesetraining konkret! 5./6. Schuljahr – Bestell-Nr. 11 264

12. Internetartikel

www.schreibsmir.com

Maxi schreibt am 15.02.2013 – 16.36 Uhr

Hallo!
Ich möchte jetzt einfach einmal meine Freude loswerden. Die Deutschlehrerin meines Sohnes hat mich heute angesprochen. "Sind Sie die Mama von Joris?"
„Ja, bin ich, was hat das Kind angestellt?“
Sie erzählte mir dann, dass er der Einzige in der Klasse ist, der schon Groß- und Kleinschreibung unterscheidet. – Ich habe diese Tatsache vor einigen Wochen schon einmal gepostet mit schrecklichen Kommentaren. „Du überforderst dein Kind!“ „Er wird sich im Unterricht langweilen!“ Es war wohl eher Neid, glaube ich. Joris ist stolz, die Schule ist stolz, ich bin stolz ….. ich freue mich einfach.

Beitrag von Geli am 15.02.2013 - 20.45 Uhr

Du bist völlig zu Recht stolz, deine Freude kann ich verstehen! Darf ich mal fragen, in welche Klasse dein Sohn geht? Meine Tochter geht in die 4. und weiß, welche Wörter groß geschrieben werden müssen. Im Diktat macht sie es aber immer falsch und schreibt fast jedes Verb groß. Aber wir werden weiter üben! Ich wünsche euch, dass es bis zum Schulende so bleibt.

Beitrag von twiggy am 16.02.2013 - 06.55 Uhr

Hallo! Ich hatte ähnliche Reaktionen, als ich mit meinem Kind in Klasse 2 erfolgreich geübt hatte. Nein, es ist ihr nie langweilig: Sie hat großen Spaß. Sie schreibt der Lehrerin fast täglich einen Brief. Letzte Woche bekam sie einen Brief zurück mit der Bitte, ein Buch mitzubringen. Das sollte sie in der Klasse vorlesen. Lena hat sich sehr darüber gefreut und am nächsten Tag gleich ein Buch mitgenommen. Groß und klein schreiben kann sie auch, zumindest in Druckschrift. Aber Langeweile hat sie wirklich nicht. Ich warte mal ab, wie es weiter geht.
LG twiggy

Beitrag von Rick am 16.02.2013 - 11.10 Uhr

In meinem Kreis wird Gott sei Dank nicht so rumgezickt wie manchmal hier im Forum. Leute, muss das sein?

Beitrag von Maxi – 16.02.2013 - 13.30 Uhr

Ich danke Euch für die netten Beiträge, wollte euch doch nur mal an meiner Freude teilhaben lassen. LG Maxi

KOHL VERLAG Der Verlag mit dem Baum
Lesetraining konkret! 5./6. Schuljahr – Bestell-Nr. 11 264

12. Internetartikel

Aufgabe 1

Beantworte die folgenden Fragen in ganzen Sätzen.

a) Warum hatten manche Menschen schlecht auf Maxis Freude reagiert?

____

____

____

____

b) Wie fühlt sich Maxi nach den schulischen Erfolgen ihres Kindes?

____

____

____

____

c) Wer hatte ähnliche Reaktionen wie Maxi zu hören bekommen und warum?

____

____

____

____

Aufgabe 2

Recherchiere in einem Lexikon oder im Internet über das Wort „Forum“ und dessen Bedeutung. Für was ist es nützlich? Schreibe in dein Heft.

Aufgabe 3

Wo kann man noch Themen mit anderen Menschen diskutieren? Schreibe deine Ergebnisse auf.

____

KOHL VERLAG Der Verlag mit dem Baum
Lesetraining konkret! 5./6. Schuljahr – Bestell-Nr. 11 264

13. Tagebuch

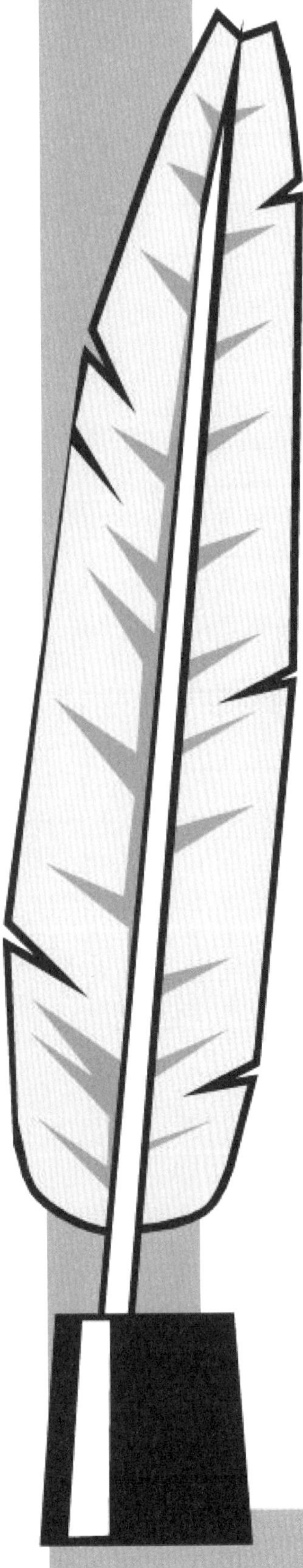

Januar

Sonntag

Ich wünschte, ich hätte schon viel früher angefangen, Tagebuch zu schreiben. Denn wer auch immer später mal meine Biografie verfasst, wird wissen wollen, was in meinem Leben vor der Junior Highschool passiert ist.
Zum Glück erinnere ich mich an so gut wie alles, was ich seit meiner Geburt erlebt habe. Ja, ich kann mich sogar an Sachen erinnern, die VOR meiner Geburt passiert sind.
Damals gab es nur mich. Ich schwamm im Dunkeln und schlug Saltos rückwärts, und wann immer mir danach war, machte ich ein Nickerchen.
Aber eines Tages, mitten in einem netten Schläfchen, weckten mich komische Geräusche von draußen.
Damals begriff ich noch nicht, was ich da hörte, aber später fand ich heraus, dass Mom sich Kopfhörer auf den Bauch gelegt hatte und Musik herausdudeln ließ.
Wahrscheinlich dachte Mom, sie könnte aus mir so eine Art Genie machen, wenn sie mir an jedem Tag vor meiner Geburt so klassisches Zeug wie Mozart und so vorspielte.
Zu den Kopfhörern gehörte auch ein Mikrofon, und wenn Mom nicht gerade Musik abspielte, dann erzählte sie mir haarklein, was sie den Tag über gemacht hatte.
Und wenn Dad von der Arbeit nach Hause kam, sorgte Mom dafür, dass er mir auch noch SEINEN Tag erzählte.
Doch das war noch längst nicht alles. Jeden Abend las Mom mir eine halbe Stunde vor, ehe sie ins Bett ging.
Das Dumme war nur, dass mein Schlafrhythmus mit dem von Mom kein bisschen übereinstimmte. Wenn sie schlief, war ich hellwach.
Heute wünsche ich mir allerdings manchmal, ich hätte besser zugehört, als Mom mir vorlas.
Letzte Woche gab es einen unangekündigten Test über ein Buch, und ich hatte es noch nicht gelesen. Ich war mir ziemlich sicher, dass mir Mom vor meiner Geburt daraus vorgelesen hatte, aber mir fielen die Einzelheiten einfach nicht mehr ein.
Ich schätze, dass ich in der Woche, in der mir Mom dieses Buch vorlas, mit etwas anderem beschäftigt war.
Das Bescheuerte ist, dass Mom das Mikrofon gar nicht BRAUCHTE; ich hörte sie auch so.
Ich meine, ich war in ihr DRIN, und ob ich wollte oder nicht, ich hörte jedes Wort, das sie sagte.

aus: „Jeff Kinney: Greg´s Tagebuch 7. Baumhaus-Verlag, Köln 2012, S. 1 – 6“[1]

[1] Quelle der Leseprobe: http://www.digital-media repository.com/dmrs/widget.do?buyButton=no&skin=black&isbn=9783833936319&feed=no&showTitleInPopUp=no&showTooltip=yes&tellafriend=no&bookmarks=no&lang=de

13. Tagebuch

Aufgabe 1

Setze die Textausschnitte in die richige Reihenfolge.

- ◯ Damals begriff ich noch nicht, was ich da hörte, aber später fand ich heraus, dass Mom sich Kopfhörer auf den Bauch gelegt hatte und Musik herausdudeln ließ.
- ◯ Doch das war noch längst nicht alles. Jeden Abend las Mom mir eine halbe Stunde vor, ehe sie ins Bett ging.
- ◯ Letzte Woche gab es einen unangekündigten Test über ein Buch und ich hatte es noch nicht gelesen. Ich war mir ziemlich sicher, dass mir Mom vor meiner Geburt daraus vorgelesen hatte, aber mir fielen die Einzelheiten einfach nicht mehr ein.
- ◯ Ich schätze, dass ich in der Woche, in der mir Mom dieses Buch vorlas, mit etwas anderem beschäftigt war.
- ◯ Ich wünschte, ich hätte schon viel früher angefangen, Tagebuch zu schreiben. Denn wer auch immer später mal meine Biografie verfasst, wird wissen wollen, was in meinem Leben vor der Junior Highschool passiert ist.

Aufgabe 2

Schreibe deinen eigenen Tagebucheintrag über ein interessantes Thema.

KOHL VERLAG Der Verlag mit dem Baum
Lesetraining konkret!
5./6. Schuljahr – Bestell-Nr. 11 264

14. Geisteswissenschaftlicher Text

Patchworkfamilien

(von Jürgen Tille-Koch)

Das englische Wort „patchwork“ wird mit „Flickarbeit; Flick-, Stückwerk“ übersetzt – in Verbindung mit dem Begriff Familie zeigt der Begriff eine inzwischen nicht unübliche Form der Familienbildung auf. Eine Folge dieser Entwicklung ist in der stetig gestiegenen Zahl von Scheidungen und Trennungen zu finden. Durch die oft wirtschaftliche Unabhängigkeit und die finanzielle Unterstützung durch staatliche Gesetze für Mütter wird heute eine Trennung bzw. Scheidung vom Partner häufiger als früher in Betracht gezogen.

Durch das Eingehen neuer Partnerschaften der getrennten Personen finden und bilden sich neue Familien, die sogenannte Stieffamilie[1].

Eine häufige Form ist Stiefvaterfamilie, in die von Seiten der Frau Kinder mitgebracht werden. Sehr oft werden nach einer Scheidung die Kinder der Mutter zugesprochen.

Das trifft aber natürlich auch für Väter zu, es bildet sich die Stiefmutterfamilie. Da die Kinder der Väter eine hohe Erwartungshaltung an ihre „neue“ Mutter haben, kommt es häufig zu Konfliktsituationen. Es kommt nicht selten vor, dass die Stiefmutter trotz intensivster Bemühungen abgelehnt wird. Dabei ist diese Ablehnung in der Regel in der Zuneigung zur leiblichen Mutter begründet. Eine zusammengesetzte Stieffamilie entsteht, wenn beide Seiten Kinder mitbringen. Schwierigkeiten und Problemsituationen sind in der Regel programmiert, da sie keine Chance hatten, sich ihre Stiefgeschwister wie Freunde auszusuchen, sondern mit der gegebenen Situation leben müssen. Jeder hat seine Erlebnisse, Vorstellungen und Geschichte und verarbeitet sie auf die eigene Art und Weise. Gewohnheiten, Verantwortungen, Rollenverteilungen usw. werden neu gefunden und vielleicht auch erstritten. Der Kontakt und die Einflussnahme des ehemaligen familiären Umfeldes können auch noch für weiteren Zündstoff sorgen.

Kommen dann noch Kinder aus der neuen Verbindung dazu, wird der soeben verarbeitete Prozess der Neuorientierung neu angestoßen. Ein hohes Maß an Fingerspitzengefühl, Geduld und Verständnis von den Erziehungsverantwortlichen ist nötig, um eine harmonische Entwicklung zuzulassen.

Das Konfliktpotenzial in einer Patchworkfamilie ist in der Regel größer als in einer traditionell entstandenen, also „normalen“ Familie. Diese Tatsache kann zu Überlegungen führen, die keiner haben möchte bzw. wollte: Die Möglichkeit einer neuerlichen Trennung .

[1] Der Begriff „Stieffamilie“ ist u.a. zu finden auf http://www.kindergartenpaedagogik.de.

Aufgabe 1

Vervollständige das Brain-Storming zum Thema „Heutige Familienstrukturen".

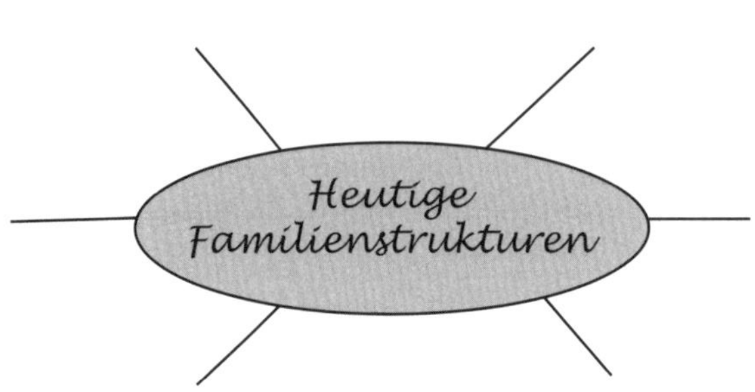

KOHL VERLAG Der Verlag mit dem Baum
Lesetraining konkret! 5./6. Schuljahr – Bestell-Nr. 11 264

14. Geisteswissenschaftlicher Text

Aufgabe 2

Erkläre folgende Fremdwörter.

a) Erziehungsverantwortliche/-berechtigte: ______________________

____

____

____

b) Patchwork: ____

____

____

____

c) Rollenverteilung: ____

____

____

____

d) Konfliktpotenzial: ____

____

____

____

Aufgabe 3

Diskutiert in eurer Klasse über die verschiedenen Familienstrukturen.
Welche Vor- und Nachteile bringt jede einzelne mit sich?
Gibt es Konflikte zwischen den verschiedenen Familienmitgliedern?

15. Fabel

Äsop (ca. 600 v. Chr.)

Der Fuchs und der Storch

Ein Fuchs hatte einen Storch zu Gaste gebeten, und setzte die leckersten Speisen vor, aber nur auf ganz flachen Schüsseln, aus denen der Storch mit seinem langen Schnabel nichts fressen konnte. Gierig fraß der Fuchs alles allein, obgleich er den Storch unaufhörlich bat, es sich doch schmecken zu lassen. Der Storch fand sich betrogen, blieb aber heiter, lobte außerordentlich die Bewirtung und bat seinen Freund auf den anderen Tag zu Gaste. Der Fuchs mochte wohl ahnen, dass der Storch sich rächen wollte, und wies die Einladung ab. Der Storch ließ aber nicht nach, ihn zu bitten, und der Fuchs willigte endlich ein.

Als er nun anderen Tages zum Storche kam, fand er alle möglichen Leckerbissen aufgetischt, aber nur in langhalsigen Geschirren. „Folge meinem Beispiele“, rief ihm der Storch zu, „tue, als wenn du zu Hause wärest.“

Und er schlürfte mit seinem Schnabel ebenfalls alles allein, während der Fuchs zu seinem größten Ärger nur das Äußere der Geschirre belecken konnte und nur das Riechen hatte. Hungrig stand er vom Tische auf und gestand zu, dass ihn der Storch für seinen Mutwillen hinlänglich gestraft habe.

Was du nicht willst, dass man dir tu´, das füg´ auch keinem anderen zu.

Quelle www.freilesen.de
(Hinweis: abgestimmt auf die aktuelle deutsche Rechtschreibung)

Aufgabe 1

Um welche Textart könnte es sich hierbei handeln? Begründe.

____

____

____

KOHL VERLAG Der Verlag mit dem Baum
www.kohlverlag.de
Lesetraining konkret!
5./6. Schuljahr - Bestell-Nr. 11 264

15. Fabel

Merke!

Eine Fabel ist eine kurze Geschichte, in der Tiere menschliche Eigenschaften annehmen. Die Tiere sprechen, fühlen, handeln oder denken wie wir Menschen. Fabeln wollen dem Leser immer eine allgemeingültige Moral, Erkenntnis oder Lehre vermitteln. Der Leser soll dies bewusst selbst erkennen. In manchen Fabeln wird die Lehre am Schluss besonders hervorgehoben.

Eine Fabel besteht meistens aus drei Teilen:

1. **Ausgangssituation** (Überschrift, wie ist die Situation)
2. **Rede und Gegenrede** (Streit, Streitgespräch)
3. **Lösung** (Die Lösung und die Moral der Fabel)

Aufgabe 2

Schreibe zu der Textstelle die passende Aussage in die Sprechblase! (aktive Rede)

a) Ein Fuchs hatte einen Storch zu Gaste gebeten und setzte die leckersten Speisen vor.

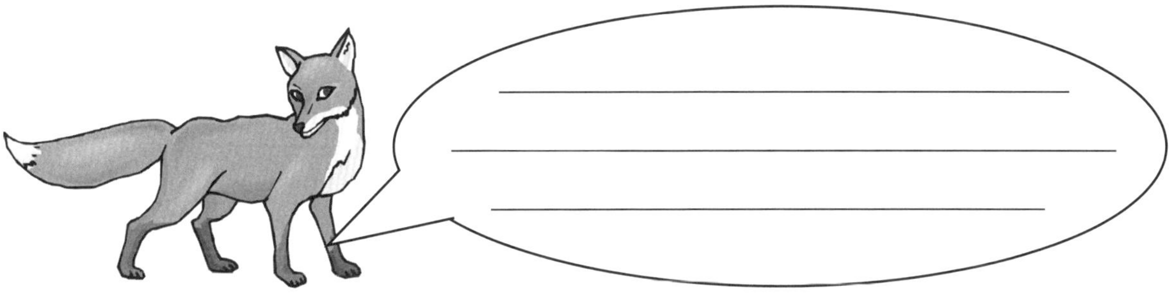

b) Der Storch lobte außerordentlich die Bewirtung und bat seinen Freund auf den anderen Tag zu Gaste.

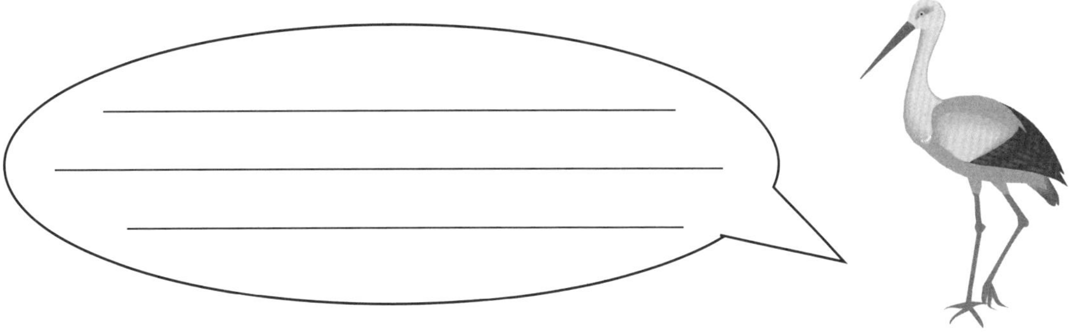

Aufgabe 3

Kennst du Sprichwörter aus anderen Fabeln? Schreibe sie in dein Heft.

KOHL VERLAG Der Verlag mit dem Baum
Lesetraining konkret! 5./6. Schuljahr – Bestell-Nr. 11 264

16. Märchen

Die Prinzessin auf der Erbse

Hans Christian Andersen (1805 – 1875)

Es war einmal ein Prinz, der wollte eine Prinzessin heiraten. Aber sie sollte eine wirkliche Prinzessin sein. Da reiste er in der ganzen Welt herum, um eine solche zu finden, aber überall fehlte etwas. Prinzessinnen gab es genug, aber ob es wirkliche Prinzessinnen waren, konnte er nie herausfinden. Immer war da etwas, was nicht ganz in Ordnung war. Da kam er wieder nach Hause und war ganz traurig, denn er wollte doch gern eine wirkliche Prinzessin haben.

Eines Abends zog ein furchtbares Wetter auf; es blitzte und donnerte, der Regen stürzte herab, und es war ganz entsetzlich. Da klopfte es an das Stadttor, und der alte König ging hin, um aufzumachen.

Es war eine Prinzessin, die draußen vor dem Tor stand. Aber wie sah sie vom Regen und dem bösen Wetter aus? Das Wasser lief ihr von den Haaren und Kleidern herab, lief in die Schnabel der Schuhe hinein und zum Absatz wieder hinaus. Sie sagte, dass sie eine wirkliche Prinzessin wäre.

"Ja, das werden wir schon erfahren!" dachte die alte Königin, aber sagte nichts, sondern ging in die Schlafkammer hinein, nahm alles Bettzeug ab und legte eine Erbse auf den Boden der Bettstelle. Dann nahm sie zwanzig Matratzen, legte sie auf die Erbse und dann noch zwanzig Eiderdaunendecken* oben auf die Matratzen.

Hier sollte nun die Prinzessin die ganze Nacht über liegen. Am Morgen wurde sie gefragt, wie sie geschlafen hätte.

„Oh, entsetzlich schlecht!“ sagte die Prinzessin, „ich habe fast die ganze Nacht kein Auge geschlossen! Gott weiß, was in meinem Bett gewesen ist. Ich habe auf etwas Hartem gelegen, so dass ich am ganzen Körper ganz braun und blau bin! Es ist ganz entsetzlich!“

Daran konnte man sehen, dass sie eine wirkliche Prinzessin war, da sie durch die zwanzig Matratzen und die zwanzig Eiderdaunendecken die Erbse gespürt hatte. So feinfühlig konnte niemand sein, außer einer echten Prinzessin.

Da nahm sie der Prinz zur Frau, denn nun wusste er, dass er eine wirkliche Prinzessin gefunden hatte. Und die Erbse kam auf die Kunstkammer, wo sie noch heute zu sehen ist, wenn sie niemand gestohlen hat.

Quelle www.freilesen.de (Hinweis: abgestimmt auf die aktuelle deutsche Rechtschreibung)

* Erklärung: Daunendecken mit Daunen der Eiderente (= Ente, die am Atlantik & Pazifik lebt)

Lesetraining konkret!
5./6. Schuljahr – Bestell-Nr. 11 264
KOHL VERLAG Der Verlag mit dem Baum

16. Märchen

Aufgabe 1

Unterstreiche im Text alle Verben grün. Achtung! In manchen Sätzen findest du mehrere Verben.

Aufgabe 2

Kreuze die richtigen Antworten zu den Fragen an.

a) Warum reist der Prinz in der ganzen Welt herum?

- ☐ er will eine Prinzessin finden
- ☐ er will eine Reise um die Welt machen
- ☐ er will seine Mutter finden

b) Welches Wetter hat es an dem Abend, als die Prinzessin an der Tür klopft?

- ☐ Sonne und Regen
- ☐ Hagel
- ☐ Gewitter

c) Was macht die alte Königin in der Schlafkammer?

- ☐ sie legte eine Erbse zwischen die 2.+3. Matratze
- ☐ sie legte eine Erbse auf die 20 Matratzen
- ☐ sie legte eine Erbse auf den Boden der Bettstelle

d) Wie hat die Prinzessin geschlafen?

- ☐ entsetzlich gut
- ☐ entsetzlich schlecht
- ☐ gar nicht

e) Warum weiß der Prinz, dass sie eine wirkliche Prinzessin ist?

- ☐ weil sie am ganzen Körper grün & blau ist
- ☐ weil sei am ganzen Körper braun & grün ist
- ☐ weil sie am ganzen Körper braun & blau ist

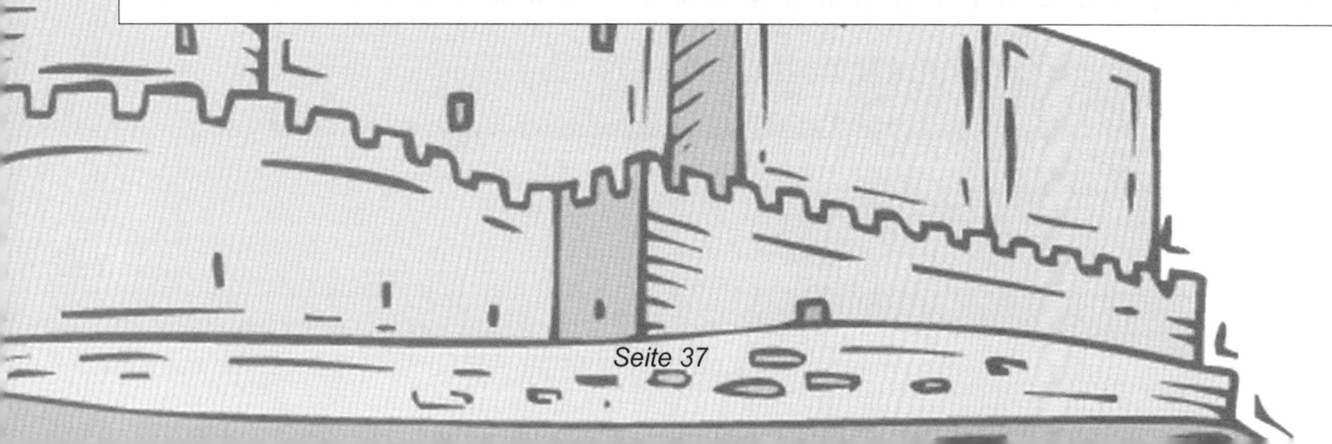

KOHL VERLAG Der Verlag mit dem Baum
Lesetraining konkret! 5./6. Schuljahr – Bestell-Nr. 11 264

16. Märchen

Aufgabe 3

Welche Personen kommen im Märchen vor?

a) *Schreibe die Personen, die in der Geschichte vorkommen, in die Kreise.*

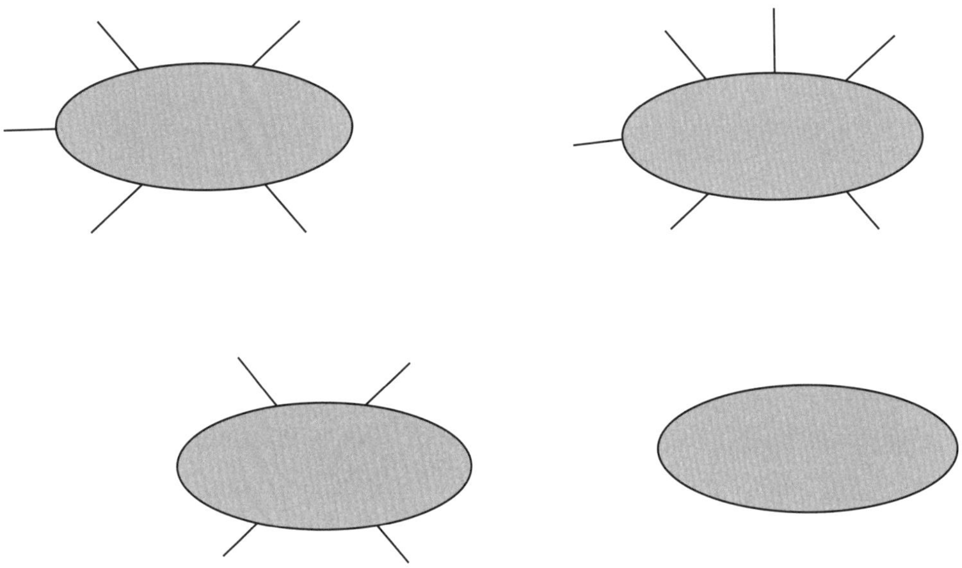

b) *Welche Eigenschaften passen zu den drei Hauptpersonen? Schreibe die folgenden Punkte um die Kreise aus Aufgabe 3a.*

böse - verliebt - müde - traurig - alt - hinterlistig - feinfühlig - hübsch - beeindruckt - nass

c) *Der erste Eindruck der Prinzessin. Wie sieht die Prinzessin aus, als der Prinz sie zum ersten Mal sieht? Male die Prinzessin.*

KOHL VERLAG Der Verlag mit dem Baum
Lesetraining konkret!
5./6. Schuljahr – Bestell-Nr. 11 264

17. Novelle

Eduard Mörike (1804 – 1875)

Leseauszug aus: Mozart auf der Reise nach Prag (1855)

(…) Sie waren unterdessen längst ins Tal herabgekommen und näherten sich einem Dorf, hinter welchem sich unmittelbar ein kleines Schloss von modernem Ansehen, der Wohnsitz eines Grafen von Schinzberg, in der freundlichen Ebene zeigte. Es sollte in dem Ort gefüttert, gerastet und Mittag gehalten werden. Der Gasthof, wo sie hielten, lag vereinzelt am Ende des Dorfs bei der Straße, von welcher seitwärts eine Pappelallee von nicht sechshundert Schritten zum herrschaftlichen Garten führte.

Das Ohr behaglich dem Geplätscher des Wassers hingegeben, das Auge auf einen Pomeranzenbaum* von mittlerer Größe geheftet, der außerhalb der Reihe, einzeln, ganz dicht an seiner Seite auf dem Boden stand und voll der schönsten Früchte hing, ward unser Freund aus seiner Knabenzeit. (…) Zerstreut hat er zum zweiten Mal die Pomeranze angefasst, sie geht vom Zweige los und bleibt ihm in der Hand. Er sieht und sieht es nicht. So weit geht seine künstlerische Geistesabwesenheit, dass er, die duftige Frucht beständig unter der Nase hin und her wirbelnd und bald den Anfang, bald die Mitte einer Weise unhörbar zwischen den Lippen bewegend, zuletzt instinktmäßig ein emailliertes* Etui aus der Seitentasche des Rocks hervorbringt, ein kleines Messer mit silbernem Heft daraus nimmt und die gelbe kugelige Masse von oben nach unten langsam durchschneidet. (…)

Da hört er Tritte in der Nähe, er erschrickt, und das Bewusstsein, wo er ist, was er getan, stellt sich urplötzlich bei ihm ein. Schon im Begriff, die Pomeranze zu verbergen, hält er doch gleich damit inne, sei es aus Stolz, sei's, weil es zu spät dazu war. Ein großer, breitschulteriger Mann in Livree, der Gärtner des Hauses, stand vor ihm. Derselbe hatte wohl die letzte verdächtige Bewegung noch gesehen und schwieg betroffen einige Sekunden. Mozart, gleichfalls sprachlos, auf seinem Sitz wie angenagelt, schaute ihm halb lachend, unter sichtbarem Erröten, doch gewissermaßen keck und groß mit seinen blauen Augen ins Gesicht; dann setzte er – für einen Dritten wäre es höchst komisch anzuseh'n

KOHL VERLAG Der Verlag mit dem Baum
Lesetraining konkret!
5./6. Schuljahr – Bestell-Nr. 11 264

17. Novelle

gewesen – die scheinbar unverletzte Pomeranze mit einer Art von trotzig mutigem Nachdruck in die Mitte des Tisches.

„Um Vergebung", fing jetzt der Gärtner, nachdem er den wenig versprechenden Anzug des Fremden gemustert, mit unterdrücktem Unwillen an. „Ich weiß nicht, wen ich hier..."
„Kapellmeister Mozart aus Wien." - „Sind ohne Zweifel bekannt im Schloss?" - „Ich bin hier fremd und auf der Durchreise. Ist der Herr Graf anwesend?" - „Nein." – „Seine Gemahlin?" – „Sind beschäftigt und schwerlich zu sprechen."
Mozart stand auf und machte Miene zu gehen.

"Mit Erlaubnis, mein Herr – wie kommen Sie dazu, an diesem Ort auf solche Weise zuzugreifen?" – „Was?" rief Mozart, „zugreifen? Zum Teufel, glaubt er denn, ich wollte stehlen und das Ding da fressen?" – „Mein Herr, ich glaube, was ich sehe. Diese Früchte sind gezählt, ich bin dafür verantwortlich. Der Baum ist vom Herrn Grafen zu einem Fest bestimmt, soeben soll er weggebracht werden. Ich lasse Sie nicht fort, eh ich die Sache gemeldet und Sie mir selbst bezeugten, wie das da zugegangen ist." – „Sei's drum. Ich werde hier so lange warten. Verlass er sich darauf!"(…)

Zwei Gartenknechte kamen nun wirklich herbei, luden den Baum auf eine Bahre und trugen ihn hinweg. Inzwischen hatte unser Meister seine Brieftasche gezogen, ein weißes Blatt herausgenommen und, während der Gärtner nicht von der Stelle wich, mit Bleistift angefangen zu schreiben: „Gnädigste Frau! Hier sitze ich Unseliger in Ihrem Paradiese, wie Adam, nachdem er den Apfel gekostet. Das Unglück ist geschehen, und ich kann nicht einmal die Schuld auf eine gute Eva schieben, die eben jetzt, von Grazien und Amoretten eines Himmelbetts umgaukelt, im Gasthof sich des unschuldigsten Schlafes erfreut. Befehlen Sie, und ich stehe persönlich Ihre Gnaden Rede über meinen mir selbst unfasslichen Frevel.

Mit aufrichtiger Beschämung
Hochdero untertänigster Diener W. A. Mozart, auf dem Wege nach Prag."

(Hinweis: abgestimmt auf die aktuelle deutsche Rechtschreibung)
* auch Bitterorangenbaum genannt
* harter, glänzender Überzug, der als Schutz oder Deko auf Metall ausgetragen wird

KOHL VERLAG Der Verlag mit dem Baum
Lesetraining konkret! 5./6. Schuljahr – Bestell-Nr. 11 264

17. Novelle

Aufgabe 1

Welche Personen kommen in der Novelle vor? Schreibe die Namen zu den Personen.

Aufgabe 2

Male auf, was Mozart im herrschaftlichen Garten sieht, hört und riecht.

Bild Nase	Bild Auge	Bild Ohr

Aufgabe 3

Schreibe den Beginn des Gespräch zwischem dem Gärtner und Mozart auf.

KOHL VERLAG Der Verlag mit dem Baum
Lesetraining konkret! 5./6. Schuljahr – Bestell-Nr. 11 264

18. Roman

Mark Twain (1835 – 1910)

Leseauszug aus: Tom Sawyer´s Abenteuer

Die Sommerabende waren lang. Noch war es nicht dunkel. Auf einmal hörte Tom auf zu pfeifen. Vor ihm stand ein Fremder, ein Junge, der eine Spur größer war als er selbst. Für die armselige kleine Stadt St. Petersburg war ein Neuankömmling jeden Alters und Geschlechts eine eindrucksvolle Kuriosität. Dieser Junge war noch dazu gut gekleidet – an einem Wochentag gut gekleidet! Das war einfach erstaunlich. Seine Mütze war ein zierliches Ding, seine fest zugeknöpfte blaue Tuchjacke neu und schmuck, ebenso auch seine Hose. Er hatte Schuhe an, und dabei war erst Freitag. Sogar eine Krawatte trug er, ein farbiges Stück Band. Es lag etwas Städtisches in seinem Aussehen, was Tom bis ins Innerste reizte. Je länger er das prächtige Wunder anstarrte, um so mehr rümpfte er die Nase über dessen Putz und um so schäbiger und schäbiger kam ihm seine eigene Kleidung vor. Keiner der beiden Jungen sprach. Sobald sich der eine bewegte, bewegte sich auch der andere – jedoch nur seitwärts, im Kreis herum. Sie hielten ohne Unterlass das Gesicht einander zugewendet und maßen sich mit Blicken.

Endlich sagte Tom: „Dich kann ich verdreschen!“ – „Versuch’s doch – das möchte ich sehn…“ – „Kann ich, ganz klar… “ – „Nein, das kannst du nicht.“ – „Doch, kann ich schon.“ – „Nein, kannst du nicht.“ – „Kann ich wohl.“ – „Kannst du nicht.“ – „Kann ich…“ – „Nicht!“ - Eine unbehagliche Pause. Dann sagte Tom: „Wie heißt du?“ – „Geht dich nichts an, du...“ – „Ich werd dir schon zeigen, dass es mich was angeht.“ – „Na, warum tust du’s denn nicht?“ – „Wenn du noch viel sagst, werd ich’s...“ – „Viel – viel – viel! Bitte!“ – „Hältst dich wohl für be-

Lesetraining konkret! 5./6. Schuljahr – Bestell-Nr. 11 264
KOHL VERLAG www.kohlverlag.de

18. Roman

sonders schlau, was? Wenn ich wollte, könnt ich dich mit einer Hand runterkriegen." – „Warum machst du's denn nicht? Du sagst doch, du kannst's." – „Wenn du mich noch lange anödest, mach ich's." – „Mensch – da sind mir schon ganz andere untergekommen!" – „Kommst dir wer weiß wie vor, was? Und erst der Deckel, den du aufhast!" – „Wenn er dir nicht gefällt, musst du dich eben dran gewöhnen. Versuch's nur und schlag ihn runter; jeder, der das versucht, kann aber vorher seine Knochen nummerieren." – „Du Lügenmaul." „Selber eins." – „Du bist ein Großmaul und feige!" – „Ach, Mensch, hau ab." – „Du, wenn du mir noch lange frech kommst, dann nehm ich einen Stein und knall ihn dir gegen die Birne!" – „Na, bestimmt tust du das!" – „Tu ich auch." – „Na, warum machst du's denn nicht, wozu erzählst du denn bloß, du willst's machen? Warum machst du's denn nicht? Bloß, weil du Angst hast!" – „Hab keine Angst." – „Doch!" – „Nein!" – „Doch!" - Wieder eine Pause, wieder gegenseitiges Anstarren und seitliches Umkreisen. Auf einmal standen sie Schulter an Schulter. Tom sagte: „Weg hier!" – „Selber weg hier!" – „Denk gar nicht dran." – „Ich erst recht nicht." - Sie standen da, jeder als Stütze einen Fuß zur Seite gestemmt, beide aus Leibeskräften schiebend und einander hasserfüllt anstarrend. Keiner vermochte jedoch die Oberhand zu gewinnen. (…) Tom zog mit dem großen Zeh einen Strich in den Staub und sagte: „Einen Schritt da drüber, und ich verdresche dich, bis du nicht mehr stehen kannst. Wer's wagt, ist ein toter Mann." - Sofort trat der Neue über den Strich und sagte: „Du hast gesagt, du machst's, jetzt wolln wir mal sehn, wie du's machst." - Im nächsten Augenblick wälzten sich die beiden Jungen im Dreck. (…)

KOHL VERLAG Der Verlag mit dem Baum
Lesetraining konkret! 5./6. Schuljahr – Bestell-Nr. 11 264
www.kohlverlag.de

18. Roman

Aufgabe 1

Tom Sawyer und der Fremde beschuldigen sich gegenseitig. Doch wer sagt was? Unterstreiche mit grüner Farbe die Aussagen von Tom und mit blauer Farbe die Aussagen von dem Fremden.

Aufgabe 2

Die folgenden Sätze wurden nicht richtig geschrieben. Irgendwie haben die Leerstell- und Großschreibtasten des Computers nicht richtig funktioniert. Trenne die Wörter mit einem Strich und unterstreiche alle Buchstaben, die groß geschrieben werden müssen.

a) seinemützewareinzierlichesding,seinefestzugeknöpfte blauetuchjackeneuundschmuck,ebensoauchseinehose.

b) soforttratderneueüberdenstrichundsagte:"duhastgesagt, dumachst'sjetztwoll'nwirmalsehen,wiedu'smachst."

Aufgabe 3

Die Geschichte von Mark Twain ist der Beginn eines Kinderromans. Allerdings haben sich in der Liste einige Fehler eingeschlichen. Überprüfe, welche Aussagen auf den Text von Mark Twain zutreffen (W) und welche nicht (F).

	W	F
Romane handeln typischerweise vom Schicksal einer Person oder einer Gruppe von Menschen.	❍	❍
Ein Roman geht um mehrere Personen, die den Roman mit Leben füllen.	❍	❍
Ein Kinderroman hat ganz viele Reime.	❍	❍
Für einen Roman muss man immer eine höfliche Anrede verwenden z.B. Liebe/r.	❍	❍
Das Schicksal der Hauptperson wird mehr oder weniger ausschweifend und in weit ausgesponnenen Zusammenhängen geschildert.	❍	❍
Zeit und Ort ändern sich manchmal auf unlogische Weise.	❍	❍
In einem Roman werden viele Wörter erklärt.	❍	❍

KOHL VERLAG Der Verlag mit dem Baum
Lesetraining konkret! 5./6. Schuljahr – Bestell-Nr. 11 264

19. Sachtext

Wohnen im Baumhaus

Das wünscht sich fast jedes Kind: Ein Baumhaus zwischen Ästen und Blättern. Tipps für Bau und Planung, die Andreas Wenning in seinem Buch „Baumhäuser. Neue Architektur in Bäumen" (DOM publishers, Berlin 2011) gibt, sind hier zusammengefasst.

Geeigneter Baum
Zuerst wird für das Baumhaus ein geeigneter Baum gefunden, der im Frühjahr und Sommer nicht nur schön grünt, sondern auch keine Schäden zeigt. Diese können z.B. sein Holzfäulnis, Wassertaschen, Spechthöhlen, Risse in Ästen oder Stämmen sowie Pilzbefall. Sollten sich diese Schäden zeigen, ist der Baum ungeeignet.

Baumaterial
Für die Plattform und Wände sind Lärche oder Eiche, aber auch Kiefer oder Fichte gut geeignet. Auf jeden Fall muss das Holz mit Lasuren oder Ölen behandelt werden, die einen entsprechenden UV-Schutz enthalten.

Schrauben, Seile, Gurte
Für die Verbindungen der Hölzer untereinander sind rostfreie Edelstahlschrauben gut geeignet. Darauf sollte bei der Befestigung am Baum allerdings unbedingt verzichtet werden. Mit Seilen, Gurten, usw. kann das Haus problemlos in den Baum gehängt und befestigt werden.

Schlaufen
Die Schlaufen dürfen allerdings nicht zu eng gebunden werden, da der Baum weiter wachsen wird. Damit einzelne Äste nicht unterschiedlich belastet sind, wird das Gewicht der einzelnen Hauselemente gleichmäßig verteilt.

Gummipuffer und Nägel
Berührungspunkte mit dem Baum werden z.B. mit Gummipuffern versehen, um den Baum zu schützen. Sollte es allerdings unbedingt nötig sein, einen Nagel zu verwenden, darf er beim Abbau nicht herausgezogen werden. Er wird lediglich glatt abgesägt, der Restnagel wächst im Laufe der Zeit mit ein.

Sicherheit
Um ein Baumhaus richtig erleben zu können, gehören Klettern, Durchsteigen und -kriechen und Experimentieren dazu. Auch muss die Sicherheit natürlich gewährleistet sein. Geländer sollten stabil und gut befestigt sein, Nägel dürfen nicht herausstehen und Bretter nicht lose sein. Sollte tatsächlich einmal jemand vom Baumhaus herunterstürzen, helfen Sand oder Holzhäcksel unter dem Baum, den Sturz ein wenig abzufangen.

Hast du nun Lust bekommen, ein Baumhaus zu bauen?

19. Sachtext

Aufgabe 1

Kreuze die richtigen Antworten zu den Fragen an.

a) Was muss man beim Baumhausbau zuerst beachten?

☐ Das Holz aussuchen.
☐ Schrauben kaufen.
☐ Einen geeigenten Baum suchen.

b) Was tust du, wenn der Baum Pilzbefall hat?

☐ ich baue mein Baumhaus.
☐ ich suche einen anderen Baum.
☐ ich fälle den Baum.

c) Das Holz für das Baumhaus muss vor der Verarbeitung ...

☐ ... beklebt werden.
☐ ... mit Lasur oder Öl behandelt werden.
☐ ... mit Sonnencreme beschmiert werden.

d) Das Baumhaus wird ...

☐ ... an den Baum geschraubt.
☐ ... an den Baum getackert.
☐ ... mit Seilen in den Baum gehängt.

e) Um ein sicheres Baumhaus zu gewährleisten, sollte ...

☐ ... das Geländer stabil sein.
☐ ... ein Sprungbrett vorhanden sein.
☐ ... unter dem Baum ein Steinhaufen liegen.

Aufgabe 2

Wenn du die Silben aus der Silbenwand richtig zusammensetzt, entdeckst du Wörter aus dem Text. Setze sie in die richtige Reihenfolge und schreibe sie in dein Heft.

Baum	durch	tern	stei	si	Ein	er	den
wer	lebt	kann	und	men	Ex	Durch	res
che	pe	Klet	gen	ri	ren	haus	tie

19. Sachtext

Aufgabe 3

Fülle die Lücken und trage die Wörter in das Kreuzworträtsel ein.
Die Buchstaben in den grauen Kästchen ergeben ein Lösungswort.

1. Was sollte ein geeigneter Baum keinesfalls aufzeigen?

2. Was muss man vor der Verarbeitung unbedingt mit Ölen oder Lasuren behandeln?

3. Welche Edelstahlschrauben sollte man verwenden?

4. Wie sollen Berührungspunkte mit dem Baum versehen werden?

5. Was sollte nicht aus dem Holz herausstehen?

Lösungswort:

__ __ __ __ __ __ __ ist sicher!

20. Naturwissenschaftlicher Sachtext

Zaniha erzählt aus ihrem Leben [1]

Ich bin Zaniha und lebe im Dschungel auf Borneo. Ich bin 11 Jahre alt und habe 5 Geschwister. Meine Cousinen und Cousins sowie Tanten und Onkel kann ich gar nicht alle aufzählen, wir leben nämlich in einer riesigen Familie mit ungefähr 100 Personen! Ich möchte euch berichten, wie ein typischer Tag bei uns aussieht. Morgens, wenn es langsam hell wird, kräht unser Hahn. Es ist eigentlich noch mitten in der Nacht und trotzdem stehen alle auf. Unser Tag beginnt nicht wie bei euch mit dem Frühstück, sondern mit der Jagd. Manchmal darf ich meine Verwandten begleiten. Mit all unseren Hunden stürzen wir uns dann in das Dickicht des Urwaldes.

Manchmal kehren wir mit Vögeln, Schweinen oder sogar Affen zurück. Die Affen esse ich am liebsten, da ihr Fleisch so schön zart ist. Meine Mutter und meine Tanten sind in den frühen Stunden meistens auf unseren Reis- oder Zuckerrohrfeldern. Wenn ich nicht mit zur Jagd gehe, helfe ich ihnen auf den Feldern und passe auf meine jüngeren Geschwister auf.

Mittags verbringen die Frauen die Zeit mit Nähen. Sie nähen Trachten für unsere Tänze und Opferrituale. Wenn geopfert wird, werden unseren Göttern frische Gaben gebracht. Auf dem Gabentisch liegen dann allerlei Früchte, Gemüse und gejagte Tiere. Gemeinsam wird schließlich getanzt. Bei den Tänzen dürfen wir Kinder seit je her mittanzen. Wir Kinder haben in dieser großen Familie auch immer Spielgefährten. Aus sämtlichen Naturmaterialien bauen und basteln wir uns Spielsachen. Ich selbst verbringe die Zeit am liebsten mit unseren Tieren. Wir haben kleine Schweine, Hunde, Hühner und Enten. Die leben alle gemeinsam unter unserem Haus. Dort fühlen sie sich auch besonders wohl, da durch die Ritzen im Fußboden immer wieder Küchenabfälle zu ihnen herunterfallen! Am Abend sitzen wir meistens alle beieinander. Die Männer und unser Häuptling erzählen dann von ihrem Tag und berichten, was am nächsten Tag alles erledigt werden muss. Wir Kinder hören gespannt zu und versuchen uns viel für die Zukunft zu merken. Manchmal schlafe ich während der Geschichten einfach ein.

[1] Schweitzer, Melanie: Wir erforschen den Dschungel. Kohl-Verlag, Kerpen 2009, S. 21

20. Naturwiss. Sachtext

Aufgabe 1

Die Aussagen sind durcheinandergeraten. Bringe sie in die im Lesetext vorgegebene Reihenfolge, indem du sie von 1 bis 6 durchnummerierst.

☐ Manchmal kehren wir mit Vögeln, Schweinen oder sogar Affen zurück.

☐ Mittags verbringen die Frauen die Zeit mit Nähen.

☐ Am Abend sitzen wir meistens beieinander.

☐ Unser Tag beginnt nicht wie bei euch mit dem Frühstück, sondern mit der Jagd.

☐ Ich selbst verbringe die Zeit am liebsten mit unseren Tieren.

☐ Meine Mutter und meine Tanten sind in den frühen Stunden meistens auf unseren Reis- oder Zuckerrohrfeldern.

Aufgabe 2

Suche aus dem Text alle Wörter mit mindestens vier Silben heraus. Schreibe sie hier auf.

____

____

____

____

Aufgabe 3

Verbinde, was zusammengehört.

Zaniha hat eine ...	A0	01	... basteln die Kinder Spielsachen.
Zaniha isst am liebsten ...	B0	02	... unter dem Haus.
Aus Naturmaterialien ...	C0	03	... riesige Familie mit ungefähr 100 Personen.
Die Tiere leben ...	D0	04	... Affen, weil das Fleisch so zart ist.

KOHL VERLAG Der Verlag mit dem Baum
Lesetraining konkret! 5./6. Schuljahr – Bestell-Nr. 11 264

20. Naturwissenschaftlicher Sachtext

Aufgabe 4

Beim folgenden Text fehlen alle Satzzeichen und die Wörter wurden alle klein geschrieben. Ersetze die fehlenden Satzzeichen und unterstreiche alle Wörter, die groß geschrieben werden müssen.

Ich bin zaniha und lebe im dschungel auf borneo ich bin 11 jahre alt und habe 5 geschwister meine cousinen und cousins sowie tanten und onkel kann ich gar nicht alle aufzählen wir leben nämlich in einer riesigen familie mit ungefähr 100 personen ich möchte euch berichten wie ein typischer tag bei uns aussieht morgens wenn es langsam hell wird kräht unser hahn es ist eigentlich noch mitten in der nacht und trotzdem stehen alle auf unser tag beginnt nicht wie bei euch mit dem frühstück sondern mit der jagd manchmal darf ich meine verwandten begleiten mit all unseren hunden stürzen wir uns dann in das dickicht des urwaldes

manchmal kehren wir mit vögeln schweinen oder sogar affen zurück die affen esse ich am liebsten da ihr fleisch so schön zart ist meine mutter und meine tanten sind in den frühen stunden meistens auf unseren reis- oder zuckerrohrfeldern wenn ich nicht mit zur jagd gehe helfe ich ihnen auf den feldern und passe auf meine jüngeren geschwister auf

mittags verbringen die frauen die zeit mit nähen sie nähen trachten für unsere tänze und opferrituale wenn geopfert wird werden unseren göttern frische gaben gebracht auf dem gabentisch liegen dann allerlei früchte gemüse und gejagte tiere gemeinsam wird schließlich getanzt bei den tänzen dürfen wir kinder seit je her mittanzen wir kinder haben in dieser großen familie auch immer spielgefährten aus sämtlichen naturmaterialien bauen und basteln wir uns spielsachen ich selbst verbringe die zeit am liebsten mit unseren tieren wir haben kleine schweine hunde hühner und enten die leben alle gemeinsam unter unserem haus dort fühlen sie sich auch besonders wohl da durch die ritzen im fußboden immer wieder küchenabfälle zu ihnen herunterfallen am abend sitzen wir meistens alle beieinander die männer und unser häuptling erzählen dann von ihrem tag und berichten, was am nächsten tag alles erledigt werden muss wir kinder hören gespannt zu und versuchen uns viel für die zukunft zu merken manchmal schlafe ich während der geschichten einfach ein

21. Religion – Sachtext

Judentum[2]

Das Judentum war die erste Weltreligion, die nur an einen Gott glaubte. Das jüdische Volk sieht seinen Ursprung in Abrahams Bund mit Gott. Abraham sagte, dass es nur einen einzigen unsichtbaren Gott gäbe. Nach dieser Erkenntnis zog Abraham aus der Region, in der heute das Staatsgebiet des Irak liegt, in Richtung Jerusalem. Isaak und Jakob führten den Bund mit Gott weiter. Jakobs Nachfahren zogen von Kanaan (Palästina/ Israel) nach Ägypten, um einer Hungersnot zu entfliehen. Ihre Nachfahren gelangten so in Ägypten in die Sklaverei. Mose führte sie als das auserwählte Volk Gottes wieder heraus und erhielt am Berg Sinai die 10 Gebote. Nun kehrte das Volk Israel zurück in das Gebiet des heutigen Staates Israel. In Jerusalem entstand der erste Tempel, der für die Juden eine große religiöse Bedeutung hat.

Die Juden tragen seit Generationen (ca. 3000 Jahre) schriftliche und mündliche Überlieferungen über die Geschichte und Gesetze weiter. In der Thora ist dies schriftlich niedergelegt. „Thora" bedeutet: Die Weisung Gottes, dessen wichtiger Teil, der Pentateuch (fünf Bücher Mose), eine zentrale Rolle für das Judentum spielt.

Viele Propheten sagten einen Messias (König der Juden) voraus, der laut jüdischem Glauben bis heute noch nicht auftauchte. Der Talmud ist ein Gesetzestext, der Religionsregeln vorgibt. Nach diesen Regeln sollen sich die Juden verhalten. Jude wird man automatisch, wenn man eine jüdische Mutter hat. Nur einen jüdischen Vater zu haben, reicht dagegen nicht aus. Das Übertreten zur jüdischen Religion ist möglich.

Das Judentum nimmt seine Feste und Bräuche sehr ernst. Man richtet oft sein Leben danach aus. So ist es beispielsweise üblich, den Sabbat zu feiern oder nur koschere Nahrung zu essen. Im Laufe der Geschichte wurden die Juden oft verfolgt und wegen ihres Glaubens umgebracht. Der heutige Staat Israel kämpft deshalb dafür, vielen Juden eine Heimat zu geben.

Auch beim Judentum haben sich verschiedene Glaubensrichtungen etabliert: So gibt es orthodoxe Juden, konservative Juden und Reformjuden, die ihren Glauben unterschiedlich stark ausleben.

[2] vgl. Kraus, Stefanie: Die Weltreligionen kinderleicht verstehen. Kohl-Verlag, Kerpen 2010³, S. 6 ff

Lesetraining konkret! 5. - 6. Schuljahr - Bestell-Nr. 11 264
KOHL VERLAG Der Verlag mit dem Baum www.kohlverlag.de

21. Religion – Sachtext

Aufgabe 1

Im Buchstabengitter verstecken sich mehrere Wörter aus dem Text. Du darfst waagerecht, senkrecht und diagonal suchen. Umkreise alle Wörter und schreibe sie unten auf. Ein Tipp: Es sind 13 Wörter!

P	M	S	K	L	A	V	E	R	E	I	Ü	L	A	G
E	A	K	G	N	L	P	L	N	I	E	E	K	Z	Q
N	A	T	H	O	R	A	E	B	S	H	Z	I	K	G
T	W	Z	U	V	T	C	U	I	R	N	I	A	D	E
A	S	A	B	B	A	T	X	H	A	Ä	B	S	D	S
T	Ü	B	E	R	L	I	E	F	E	R	U	N	G	E
E	C	S	D	S	H	G	C	A	L	U	T	C	I	T
U	L	I	H	J	U	D	E	N	T	U	M	B	H	Z
C	C	A	B	R	A	H	A	M	A	P	O	E	L	E
H	W	E	L	T	R	E	L	I	G	I	O	N	O	P
H	P	R	O	P	H	E	T	E	N	J	B	U	S	J

Aufgabe 2

Erkläre mit deinen eigenen Worten, was die folgenden Begriffe bedeuten. Du darfst in deiner Erklärung diesen Begriff aber nicht benutzen!

a) Nachfahren:

____

____

b) Gebote:

____

____

c) Generation:

____

____

____

KOHL VERLAG Der Verlag mit dem Baum
Lesetraining konkret! 5./6. Schuljahr – Bestell-Nr. 11 264

21. Religion – Sachtext

Aufgabe 3

Suche aus der unten abgebildeten Buchstabenschlange alle Wörter heraus, die auch im Text vorkommen. Umkreise sie und schreibe sie in dein Heft.

GlaubenGeschichteessenMessiasumgebracht
auslebenJudeStaatsgebietführte

Aufgabe 4

Fülle den folgenden Lückentext mit den passenden Begriffen, sodass der Sinn des Lesetextes erhalten bleibt.

Das Judentum war die erste ________________ , die an nur einen __________ glaubte.

Sein Ursprung war __________ Bund mit Gott, der sagte, dass Gott ____________

und einzigartig sei. Mose führte das ________________ Volk aus der ______________

heraus und erhielt am _____________ _____________ die 10 _____________.

Das Volk kehrte zurück nach ______________. Die Geschichten und Gesetze der

Juden werden in der ______________ festgehalten und überliefert. Feste und

______________ werden sehr ernst genommen - auch heute noch. Die Geschichte

der Juden war oft sehr schrecklich: Sie wurden _______________ und wegen ihres

Glaubens ______________ . Heute kämpft _______________ dafür, vielen

______________ eine Heimat zu geben.

KOHL VERLAG Der Verlag mit dem Baum
Lesetraining konkret!
5./6. Schuljahr – Bestell-Nr. 11 264

22. Lexikon

Lexikon der Ernährung

Ein Lexikon ist im Duden definiert als ein nach Stichwörtern alphabetisch geordnetes Nachschlagewerk.
Nach unserem Unterrichtsprojekt „Gesunde Ernährung“ haben wir die für uns wichtigsten Begriffe dieses Themas zusammengesucht und ein Nachschlagewerk mit unseren Definitionen erstellt.

anorganische Stoffe, die – Stoffe ohne Kohlenstoff wie z.B. Metalle und Salze
Ballaststoffe, die – regen die Darmtätigkeit an und sind z.B. in Obst, Gemüse, Kartoffeln und Vollkornbrot enthalten
Baustoffe, die – Wasser, Eiweiß, Fett und Mineralstoffe z.B. bauen den Körper auf und erhalten ihn
Brennwert, der – gibt die Energie an, die dem Körper zugeführt wird
Cellulose, die – Stoff, aus dem die Zellwände der Pflanzen bestehen. Dieser Stoff wird mit allen pflanzlichen Nahrungsmitteln aufgenommen
Eiweiß, das (auch Protein genannt) – sorgt für die körperliche Widerstandskraft und Erneuerung von z.B. Nägeln, Haaren und Hornhaut
Enzyme, die – Proteine, die den Stoffwechsel steuern
Fette, die - tierische und pflanzliche Fette geben dem Körper Kraft und Energie
Garungsarten, die – z.B. Kochen, Garziehen, Dämpfen, Dünsten, Schmoren, Braten, Frittieren und Backen
Kohlenhydrate, die – chemische Verbindung von Kohlenstoff, Wasserstoff und Sauerstoff. Sie regen die Funktion der menschlichen Organe an und sind die Energiequelle zur Entwicklung Wärme und Kraft; liefern Energie und sind enthalten in Zucker, Stärke und Lebensmitteln aus Getreide
Mineralstoffe, die – sind in pflanzlichen und tierischen Lebensmitteln enthalten. Sie ermöglichen die Funktion von Nervensystem und Herz
Nährstoffe, die – organische und anorganische Stoffe, die von Lebewesen zur Lebenserhaltung aufgenommen und im Stoffwechsel verarbeitet werden
Nährstoffscheibe, die – zeigt an, welche Nährstoffe in welchen Lebensmitteln enthalten sind
organische Stoffe, die – enthalten Kohlenstoffe; Abbauprodukte von Lebewesen, wie Traubenzucker (Pflanzen), Stärke (Kartoffeln), Methan(z.B. Reis)
Vitamine, die – regulieren die Verwertung von Kohlenhydraten und Mineralstoffen; stärken das Immunsystem und sind unverzichtbar beim Aufbau von Zellen, Blutkörperchen, Knochen und Zähnen
Wasser, das – muss dem Körper regelmäßig zugeführt werden; der menschliche Körper besteht zu 60-65 % aus Wasser
Wirkstoffe, die – Mineralstoffe und Vitamine, die Körperfunktionen regeln

KOHL VERLAG Der Verlag mit dem Baum
Lesetraining konkret!
5. - 6. Schuljahr - Bestell-Nr. 11 264
www.kohlverlag.de

22. Lexikon

Aufgabe 3

Vervollständige die Mindmap zum Thema „Ernährung" mit so vielen Begriffen, wie möglich.

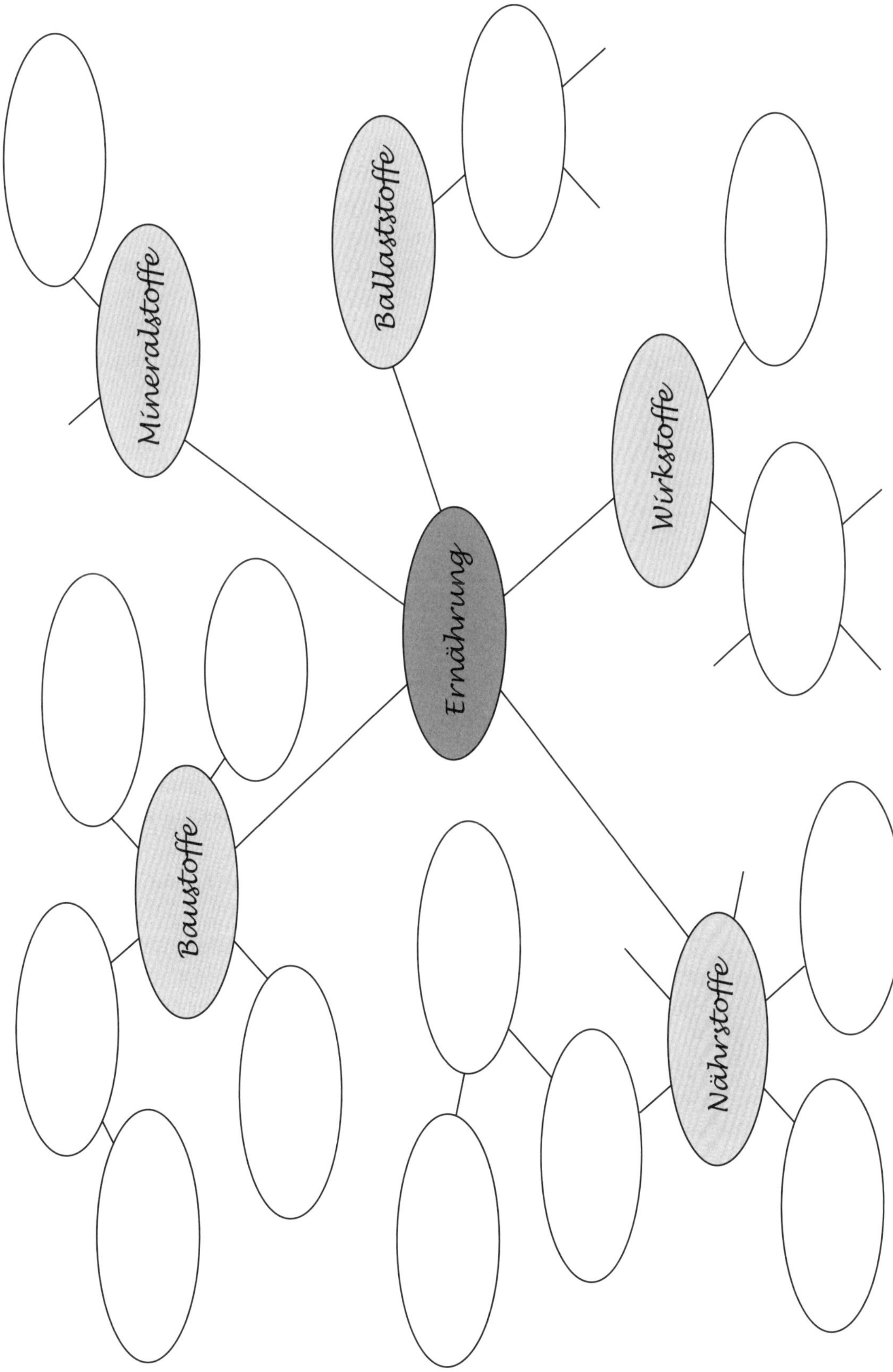

KOHL VERLAG Der Verlag mit dem Baum
Lesetraining konkret! 5./6. Schuljahr – Bestell-Nr. 11 264

23. Gebrauchsanweisung

Das Waveboard [1]

Beschreibung:

Das Waveboard ist ca. 85 cm lang und wiegt ungefähr 4,5 kg, für Kinder ist es ein wenig kürzer und leichter. Dabei sind zwei aus Kunststoff gefertigte Fußplatten mit einem drehbaren Stab verbunden. Dieser ermöglicht eine gegenläufige Drehung der Platten um die Längsachse. Eine unter jeder Fußplatte angebrachte Rolle ist um 360° schwenkbar, die Schwenkachsen sind allerdings um ca. 30° geneigt. Den Rollen wird beim Fahren eine gewünschte Ausrichtung gegeben, die dem Board eine eindeutige Vorder- und Rückseite gibt. Das Waveboard ist in der Regel vor-, seitwärts und schräg fahrbar, nicht jedoch rückwärts. Die Einspurigkeit ermöglicht schnelle Geradeausfahrten, enge Schwenks und weite Bögen sowie schräges Driften und Kreiseln. In der Halfpipe können viele Skateboardtricks umgesetzt werden. Bein- und Hüftbewegungen sorgen für eine Beschleunigung des Boards, sodass auch Steigungen gefahren werden können. Die fehlenden Bindungen ermöglichen ein problemloses Abspringen vom Brett.

Anwendung:

Finde zuerst heraus, ob du mit dem linken oder dem rechten Fuß vorne stehen willst.
Richtet das Brett auf, indem du den Fuß (je nachdem links oder rechts) auf der vorderen Plattform in der Mitte platzierst und dann Druck auf deine Zehen gibst.
Die Boardspitze zeigt immer in Fahrtrichtung.
Für einen Start stößt du mit dem hinteren Fuß in Fahrtrichtung ab und setzt den Fuß dann auf die hintere Plattform.
Zur Vermeidung von Unfällen sieh während der Fahrt nie nach unten auf das Brett, sondern immer geradeaus.
Dann gehst du ein wenig in die Knie und drehst die Schultern mit leichten Bewegungen nach vorne und hinten, um das Board in S-Form zu bewegen. Die Bewegung kommt aus den Hüften, der Oberkörper bleibt gerade aufgerichtet.
Wenn du dich ein wenig sicherer fühlst, kannst du auch Kurven ausprobieren. Du lenkst das Waveboard, indem du Druck auf Zehen oder Fersen ausübst.
Zum Bremsen gibst du den Zehen beider Füße gleichzeitig Druck und springst bzw. läufst nach vorne weg, wenn das Board stehen bleibt.

[1] Vgl. Schardt, Friedel/Stolz, Ulrike: Die Funktionsbeschreibung. Kohl-Verlag, Kerpen 2012, S. 20

KOHL VERLAG Der Verlag mit dem Baum
Lesetraining konkret! 5./6. Schuljahr – Bestell-Nr. 11 264

23. Gebrauchsanweisung

Aufgabe 1

Fülle den Steckbrief zum Waveboard aus! Beschreibe die Anwendung in Stichworten.

Waveboard

Name: ______________________________

Länge: ______________________________

Gewicht: ______________________________

Aufbau: ______________________________

____

____

____

____

Anwendung:

- ______________________________
- ______________________________
- ______________________________
- ______________________________
- ______________________________
- ______________________________
- ______________________________

KOHL VERLAG Der Verlag mit dem Baum
Lesetraining konkret! 5./6. Schuljahr – Bestell-Nr. 11 264

Lösungen

1. Aufgabe 1

Mus ter mann, Fach ärz tin, All ge mein me di zin, Au gen heil kun de, Post stra ße,
Mus ter hau sen, Ärzt li ches, Vor la ge, Gei ger stra ße, stän di gen, au gen ärzt li chen,
Be treu ung, Pa tien ten, ge ne tisch, be ding te, Far ben fehl sich tig keit,
Dys chro ma top sie, vor han den, ein ge schränk te, Re zep tors, Seh schwä che,
Pro ta no pie, Deu te ra no pie

1. Aufgabe 2

a) Ein Rezeptor ist eine Zelle, die Signale, wie z.B. Licht, an das Gehirn weiterleitet.
b) Unter Protanopie versteht man eine Rotblindheit. Es ist eine genetisch bedingte Farbfehlsichtigkeit, bei der die Farben Rot und Grün verwechselt werden.
c) Unter Dyschromatopsie versteht man eine Rot-Grün-Sehschwäche oder Rot-Grün-Blindheit. Betroffene können Rot und Grün schlechter unterscheiden als Normalsichtige.
d) Deuteranopie ist eine Grünblindheit, die einer genetisch bedingte Farbfehlsichtigkeit entspricht.

1. Aufgabe 3

a) Der Schüler Joris Schmitz ist in meiner ständigen haus- und augenärztlichen Betreuung.
b) Joris leidet an einer genetisch bedingten Farbenfehlsichtigkeit.
c) Die eingeschränkte Funktion des Rezeptors verursacht eine Rot-Grün-Sehschwäche.

---

2. Aufgabe 1

A - 4 Jenny wurde mit Antibiotika behandelt.
B - 5 Der Arzt riet Jenny, eine Woche zu Hause zu bleiben.
C - 1 Lena gab Joris die Hausaufgaben.
D - 2 Jenny's Mutter entschuldigt das Fehlen ihrer Tochter.
E - 3 Jenny holte die Hausaufgaben nach.

2. Aufgabe 2

Sehr geehrte Frau Hauser, Musterhausen, 18.03.2013
unser Sohn Henning litt in der letzten Woche unter starken Bauchschmerzen und Übelkeit. Auf ärztliches Anraten ist Henning vom 11.-15.03.2013 eine Woche dem Unterricht ferngeblieben. Die Hausaufgaben hat sein Freund Jan für ihn mitgenommen. Henning hat die Hausaufgaben nachgeholt und wird sie Ihnen vorlegen. Wir bitten Sie freundlichst sein Fehlen zu entschuldigen.
Mit herzlichen Grüßen, gez. Jutta Schneider

2. Aufgabe 3

a) *infizieren* = sich mit einem Virus oder Ähnlichem anstecken
b) *auskurieren* = wieder gesund werden, sich erholen
c) *Anraten* = jemandem etwas empfehlen oder nahelegen

---

3. Aufgabe 1

cool, krank, super, allein, leer, tolle, laut

3. Aufgabe 2

genial / **cool** - uncool
ungesund / **krank** - gesund
fantastisch / **super** - schlecht
solo / **allein** - zu zweit
inhaltslos / **leer** - voll
prima / **toll** - langweilig
dröhnend / **laut** - leise

3. Aufgabe 3

a) Wer ist krank?
Oma ist krank.
b) Was möchte der Autor?
Der Autor möchte einen Burger.
c) Was ist toll und laut?
Die Party ist toll und laut.

3. Aufgabe 4

<u>Wollen wir?</u>

Tanzen ist cool
Sara ist gut
Die Musik läuft
Ich freue mich schon
Wollen wir?

Das Spiel macht Spaß
Alleine sein nicht
Zu zweit sein ist schön
Mehr Leute sind besser
Wollen wir?

Fahrrad fahren
es regnet
Ich will nach Hause
dort ist es warm
Wollen wir?

Wollen wir??!!

KOHL VERLAG Der Verlag mit dem Baum
Lesetraining konkret! 5./6. Schuljahr – Bestell-Nr. 11 264

Lösungen

4. Aufgabe 1

	Wort aus dem Text:	Übriger Buchstabe:
a) heNaSchwa	Nachwahl	S
b) chaeiltenn	Einhalten	c
c) mieinfhornre	informieren	h
d) nisuonatigaOr	Organisation	u
e) leilSchtuulng	Schulleitung	l
f) ttspaeuseMiag	Mittagspause	e

Lösungswort: Schule

4. Aufgabe 2

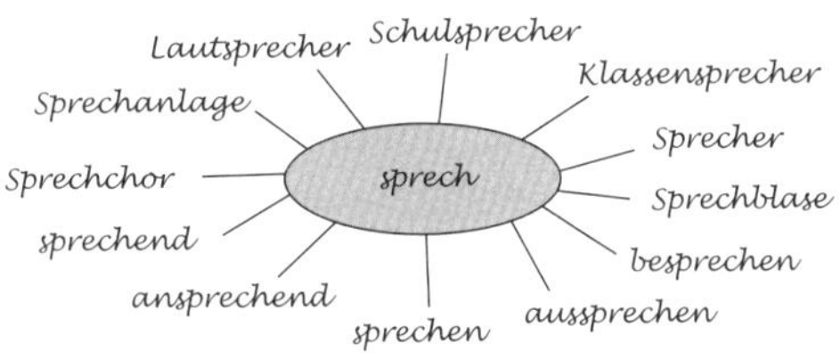

4. Aufgabe 3

a) = alle haben die gleiche Meinung
b) = zuständig für etwas sein und dafür sorgen, dass alles reibungslos verläuft
c) = man plant z.B. eine Feier und besorgt alles, was dafür nötig ist und teilt andere so ein, damit das Fest reibungslos ablaufen kann

4. Aufgabe 4

Individuelle Lösung

---

5. Aufgabe 1

1. ☺ **2.** ☺ **3.** ☹ **4.** ☹ **5.** ☺ **6.** ☹ **7.** ☺

5. Aufgabe 2

großem, ernüchternde, wenig, gemildert, ausdrücklich, ehrenamtliche, gesammelte, sinnvoll, gespannt, nächsten, täglich, anders, schlimmer, sanitären, zerstört, unbrauchbar, hygienisch, teilweise, zerstört, demotivierend, wichtige, vorhandenen, großen, überfüllt, erfolgreiches, zentrales, wenig, zweckgebundenes, bekannt

5. Aufgabe 3

Ich habe den Leserbrief über den Artikel „Verein baut eine Schule für die Lehrerbildung" mit großem Interesse gelesen. Der Verfasser nimmt darin Stellung zum Zustand deutscher Schulen und deren Gegebenheiten. Ich möchte ebenfalls betonen, dass ich das Engagement und die Zielsetzung des „Freundeskreises Zentralamerika" gut und wichtig finde. Aber auch in Deutschland herrschen teilweise katastrophale Zustände in den Schulen. In unserer Schule wurde zwar eine Sicherheitstür eingebaut, die von Schülern nicht geöffnet werden darf. Da die Sekretärin - aus Geldmangel der Stadt - lediglich 2-3 mal die Woche im Haus ist, müssen Zuspätkommer, Postler, Gäste, etc. warten, bis jemand im Sekretariat ist und die Tür öffnet. Außerdem gibt es im Gebäude keine Möglichkeit eines Fachraumes. Alle Klassen haben zwar ein Klassenzimmer, ansonsten gibt es keine Räumlichkeiten, in denen Förderstunden oder Ähnliches abgehalten werden könnten. Über die sanitären Anlagen möchte ich an dieser Stelle nicht sprechen, da ich den Lesern den Appetit nicht verderben möchte. Es sei nur so viel gesagt: Freiwillig würde man nicht auf so eine Toilette gehen!
Ich plädiere hiermit dafür, dass sich auch die Eltern mehr dafür einsetzen, welches Geld wie investiert wird, um einen angenehmen Raum für schulisches Lernen zu schaffen, zu Hause tun sie es ja auch!
Name und Adresse des Verfassers sind der Redaktion unbekannt.

---

6. Aufgabe 1

- Musik nur mit Kopfhörern hören.
- Beim Telefonieren nicht schreien, damit andere nicht gestört werden.
- Die Klingeltöne nicht zu laut einstellen.

6. Aufgabe 2

Pro:
- Man kann damit auch unterwegs im Internet recherchieren, z.B. für die Hausaufgaben.
- Telefonnummern können schnell gefunden werden, um Termine zu machen.
- Man benötigt keinen Fotoapparat mehr, da das Smartphone Fotos machen kann.

Lösungen

Contra:
- Es ist zu teuer.
- Man erreicht einen auch mit einem normalen Handy.
- Es wird zum ständigen Begleiter und führt zur Abhängigkeit.

6. *Aufgabe 3*

a) Eine Beziehung beendet man persönlich und nicht per SMS.
b) Das Handy muss im Vorstellungsgespräch ausgeschaltet werden, damit das Gespräch nicht unterbrochen wird und du nicht unangenehm auffällst!
c) Krankmeldungen bespricht man telefonisch, nicht per SMS.

---

7. *Aufgabe 1*

a) Von Übergewicht wird gesprochen, wenn das Körpergewicht das Normalmaß übersteigt.
b) Übergewicht kann sich auf fast alle Organe auswirken und vielfältige gesundheitliche Folgen mit sich ziehen.
c) „Vererbung"; weitergegebene Verhaltensmuster der Eltern an die Kinder; gestörtes Essverhalten; soziale Faktoren; psychologische Faktoren wie geringes Selbstbewusstsein

7. *Aufgabe 2*

a) Diabetes ist eine Stoffwechselkrankheit, bei der das Blut überzuckert ist. Es kann zu Austrocknungsgefühlen, ständigem Durst bis hin zu Konzentrationsstörungen kommen.
b) Gicht ist eine Stoffwechselerkrankung, die zur Schädigung der Niere oder zu Knorpelveränderungen führen kann.
c) Zum Herz-Kreislauf-System gehören das Herz, der Körperkreislauf, der Lungenkreislauf, das Blut und der Blutdruck. Es sorgt dafür, dass das gesamte Blut des Menschen den Organismus durchfließt.

---

8. *Aufgabe 1*

a) Die Violine wird auch Geige genannt und ist ein Streichinstrument aus Holz mit vier Seiten.
b) Ein Ensemblespiel ist ein Bühnenmusikstück, an dem viele Solisten beteiligt sind.
c) Im Chor singen mehrere Sänger gemeinsam Lieder. Es sind verschiedene Stimmlagen vertreten.

8. *Aufgabe 2*

a) Gegen eine monatliche Leihgebühr kannst du dir problemlos ein Instrument wie beispielsweise eine Posaune ausleihen.
b) Möchtest du dem Chor beitreten, so muss auf der Anmeldung der Name deines Erziehungsberechtigten stehen.
c) Es gibt verschiedene Formen des Instrumentalunterrichts. Der Einzelunterricht dauert jeweils 45 Minuten und kostet im Monat 96 Euro.
d) Melden sie Geschwister in der Musikschule an, so haben sie ein Anrecht auf Gebührenermäßigung.

---

9. *Aufgabe 1*

a) Bei diesem Spiel treten zwei bis vier Teams mit gleicher Teilnehmerzahl gegeneinander an.
b) Das Ziel ist es, mit verbundenen Augen die Ziellinie zu erreichen, ohne dabei die seitlichen Begrenzungen zu übertreten.
c) Man benötigt irgendeine Form von Begrenzung (Kreidestriche, Seile, Stangen), um den Parcours zu markieren, sowie mehrere Augenbinden oder Tücher.
d) Das Spiel ist für draußen und drinnen geeignet.

9. *Aufgabe 2*

Folgende Aussagen sind richtig:
a) Der Spieler, der dran ist, darf selber entscheiden, wie weit er gehen möchte.
d) Geben Mitglieder des eigenen Teams Tipps, so wird dieser Versuch als gültig erklärt.
e) Das gegnerische Team darf den Spieler verunsichern, ohne ihn dabei jedoch zu berühren.

---

10. *Aufgabe 2*

a) Die 5. Klasse will mit ihrem Projekt die Stadt sauber halten. Verschmutzungen durch Hundekot sollen verringert werden.
b) Durch eine DNA-Datenbank sollen die sogenannten Häufchensünder überführt werden.
c) Mit einer Erhöhung der Hundesteuer oder Bußgeldern soll zukünftig für weniger Hundehäufchen in der Stadt gesorgt werden.

KOHL VERLAG Der Verlag mit dem Baum
Lesetraining konkret! 5./6. Schuljahr – Bestell-Nr. 11 264

Lösungen

11. Aufgabe 1

informieren - Information, probieren - Probe, entdecken - Entdeckung, treffen - Treffen, einladen - Einladung, sorgen - Sorge, stehen - Stand, freuen - Freude

11. Aufgabe 2

Saxophon, Klarinette, Akkordeon, Querflöte, Violine

---

12. Aufgabe 1

a) Viele Menschen dachten, Maxi würde das Kind überfordern. Manche meinten auch, das Kind würde sich langweilen.
b) Sie ist sehr stolz auf ihr Kind und freut sich sehr über dessen Entwicklung.
c) „twiggy" musste sich ähnliche Kommentare wie Maxi anhören. Sie war in der gleichen Situation wie Maxi.

12. Aufgabe 2

Ein Internetforum ist ein virtueller Platz zum Austausch von Gedanken, Meinungen und Erfahrungen. Sie erlauben das Lesen und Kommentieren von Beiträgen über verschiedene Themen.

12. Aufgabe 3

Forum, Chatroom, soziale Netzwerke, usw.

---

13. Aufgabe 1

2 - Damals begriff ich noch nicht, was ich da hörte, aber später fand ich heraus, dass Mom sich Kopfhörer auf den Bauch gelegt hatte und Musik herausdudeln ließ.
3 - Doch das war noch längst nicht alles. Jeden Abend las Mom mir eine halbe Stunde vor, ehe sie ins Bett ging.
4 - Letzte Woche gab es einen unangekündigten Test über ein Buch und ich hatte es noch nicht gelesen. Ich war mir ziemlich sicher, dass mir Mom vor meiner Geburt daraus vorgelesen hatte, aber mir fielen die Einzelheiten einfach nicht mehr ein.
5 - Ich schätze, dass ich in der Woche, in der mir Mom dieses Buch vorlas, mit etwas anderem beschäftigt war.
1 Ich wünschte, ich hätte schon viel früher angefangen, Tagebuch zu schreiben. Denn wer auch immer später mal meine Biografie verfasst, wird wissen wollen, was in meinem Leben vor der Junior Highschool passiert ist.

13. Aufgabe 2

individuelle Lösung

---

14. Aufgabe 1

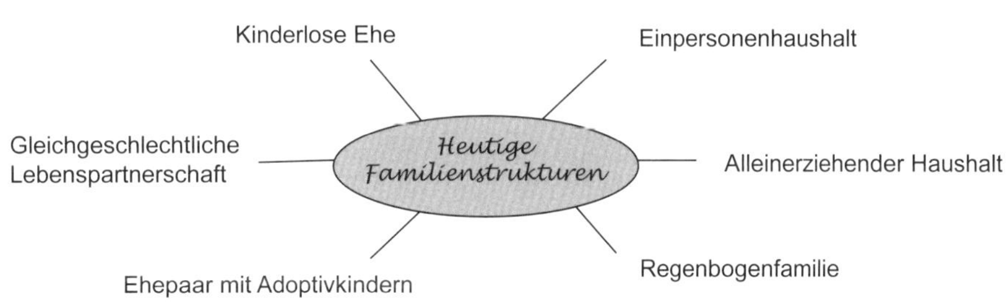

14. Aufgabe 2

a) Man gilt als gesetzlicher Erziehungsberechtigter, wenn man Inhaber des Erziehungsrechts über einen Minderjährigen ist.
b) Das Wort Patchwork bezeichnet Familien, bei denen Kinder seitens der Mutter und/oder des Vaters aus der alten in die neue Ehe mitgebracht werden.
c) Als Rollenverteilung versteht man die Verhaltensweisen der zwei verschiedenen Geschlechter, die in einer Kultur für ein bestimmtes Geschlecht stehen bzw. als akzeptabel gelten.
d) Dieses Wort behandelt die Wahrscheinlichkeit eines interfamiliären Konflikts z.B. in einer Familie mit Kindern aus Ehen mit anderen Partnern.

14. Aufgabe 3

individuelle Lösung

---

15. Aufgabe 1

Es handelt sich hierbei um eine Fabel, da der Fuchs und der Storch zusammen reden und essen. Sie besitzen menschliche Eigenschaften.

Lösungen

15. Aufgabe 2

a) „Storch, ich lade dich herzlich zu einem Festessen mit vielen verschiedenen Speisen bei mir ein."
b) „Das hast du sehr gut gemacht. Ich möchte nun, dass du morgen auch zu mir kommst!"

15. Aufgabe 3

Zum Beispiel: Wer zuletzt lacht, lacht am besten! Wer nichts wagt, der nichts gewinnt. Wer anderen eine Grube gräbt, fällt selbst hinein.

---

16. Aufgabe 1

Verben im Text:
war, wollte, heiraten, sollte, sein, reiste, finden, fehlte, gab, waren, konnte, herausfinden, war, war, kam, war, wollte, haben, zog, blitzte, donnerte, stürzte, war, klopfte, ging, aufzumachen, war, stand, sah, lief, lief, sagte, wäre, werden, erfahren, dachte, sagte, ging, nahm, legte, nahm, legte, sollte, liegen, wurde, gefragt, geschlafen, hätte, sagte, habe, geschlossen, weiß, gewesen, ist, habe, gelegen, bin, ist, konnte, sehen, war, gespürt, hatte, konnte, sein, nahm, wusste, gefunden, hatte, kam, sehen, ist, gestohlen, hat

16. Aufgabe 2

a) ☒ er will eine Prinzessin finden
b) ☒ Gewitter
c) ☒ sie legte eine Erbse auf den Boden der Bettstelle
d) ☒ entsetzlich schlecht
e) ☒ weil sie am ganzen Körper braun und blau ist

16. Aufgabe 3

a + b)

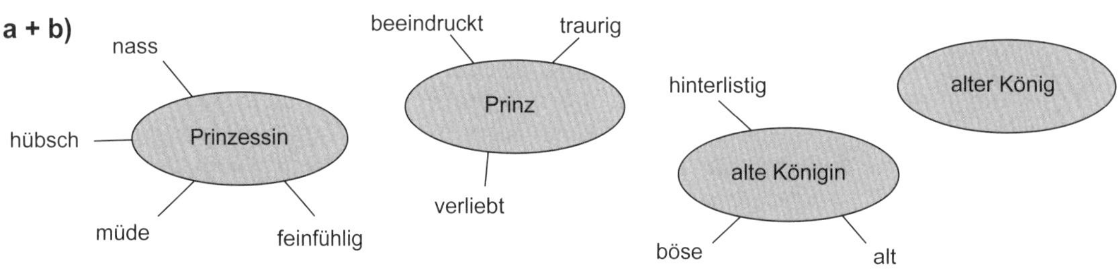

c) Ein Bild von der Prinzessin mit nassen Haaren und Kleidern sowie Wasser in den Schuhen.

---

17. Aufgabe 1

a) Mozart; **b)** Gärtner; **c)** 2 Gartenknechte

17. Aufgabe 2

Er riecht süße Früchte, sieht einen Pomeranzenbaum und hört das Geplätscher des Wassers.

17. Aufgabe 3

Gärtner: "Um Vergebung... Ich weiß nicht, wen ich hier ..."
Mozart: "Kapellmeister Mozart aus Wien"
Gärnter: "Sind ohne Zweifel bekannt im Schloss"
Mozart: "Ich bin hier auf der Durchreise. Ist der Herr Graf anwesend?"
Gärtner: "Nein"
Mozart: "Seine Gemahlin?"
Gärtner: "Sind beschäftigt und schwerlich zu sprechen."

---

18. Aufgabe 2

a) seine|mütze|war|ein|zierliches|ding|,seine|fest|zugeknöpfte|blaue|tuchjacke|neu|und|schmuck|,ebenso|auch|seine|hose.
b) sofort|trat|der|neue|über|den|strich|und|sagte|:"du|hast|gesagt|, du|machst's|jetzt|woll'n|wir|mal|sehen|,wie|du's|machst."

18. Aufgabe 3

Romane handeln typischerweise vom Schicksal einer Person oder einer Gruppe von Menschen. (*wahr*)
Ein Roman geht um mehrere Personen, die den Roman mit Leben füllen. (*wahr*)
Ein Kinderroman hat ganz viele Reime. (*falsch*)
Für einen Roman muss man immer eine höfliche Anrede verwenden z.B. Liebe/r (*falsch*)
Das Schicksal der Hauptperson wird mehr oder weniger ausschweifend und in weit ausgesonnenen Zusammenhängen geschildert. (wahr)
Zeit und Ort ändern sich manchmal auf unlogische Weise. (*falsch*)
In einem Roman werden viele Wörter erklärt. (*falsch*)

Lösungen

19. Aufgabe 1

a) ☒ Einen geeigneten Baum suchen.
b) ☒ Ich suche einen anderen Baum.
c) ☒ ... mit Lasur und Öl behandelt werden.
d) ☒ ... mit Seilen in den Baum gehängt.
e) ☒ ... das Geländer stabil sein.

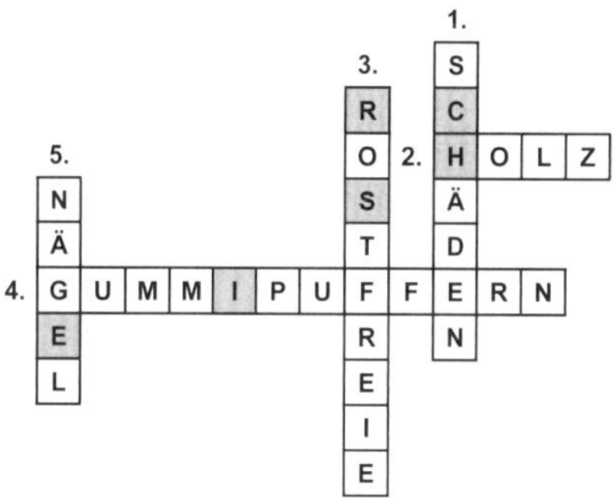

19. Aufgabe 2

Ein sicheres Baumhaus kann durch Klettern, Durchsteigen und Experimentieren erlebt werden.

19. Aufgabe 3

Lösungswort: SICHER

---

20. Aufgabe 1

2 - Manchmal kehren wir mit Vögeln, Schweinen oder sogar Affen zurück.
4 - Mittags verbringen die Frauen die Zeit mit Nähen.
6 - Am Abend sitzen wir meistens beieinander.
1 - Unser Tag beginnt nicht wie bei euch mit dem Frühstück, sondern mit der Jagd.
5 - Ich selbst verbringe die Zeit am liebsten mit unseren Tieren.
3 - Meine Mutter und meine Tanten sind in den frühen Stunden meistens auf unseren Reis- oder Zuckerrohrfeldern.

20. Aufgabe 2

Zuckerrohrfeldern, Opferrituale, Spielgefährten, Naturmaterialien, Küchenabfälle, herunterfallen, beieinander

20. Aufgabe 3

A - 3 - Zaniha hat eine riesige Familie mit ungefähr 100 Personen.
B - 4 - Zaniha isst am liebsten Affen, weil das Fleisch so zart ist.
C - 1 - Aus Naturmaterialien basteln die Kinder Spielsachen.
D - 2 - Die Tiere leben unter dem Haus.

---

21. Aufgabe 1

Weltreligion, Judentum, Gott, Abraham, Israel, Sklaverei, Thora, Pentateuch, Überlieferung, Propheten, Gesetze, Bräuche, Sabbat

P	M	S	K	L	A	V	E	R	E	I	Ü	L	A	G
E	A	K	G	N	L	P	L	N	I	E	E	K	Z	Q
N	A	T	H	O	R	A	E	B	S	H	Z	I	K	G
T	W	Z	U	V	T	C	U	I	R	N	I	A	D	E
A	S	A	B	B	A	T	X	H	A	Ä	B	S	D	S
T	Ü	B	E	R	L	I	E	F	E	R	U	N	G	E
E	C	S	D	S	H	G	C	A	L	U	T	C	I	T
U	L	I	H	J	U	D	E	N	T	U	M	B	H	Z
C	C	A	B	R	A	H	A	M	A	P	O	E	L	E
H	W	E	L	T	R	E	L	I	G	I	O	N	O	P
H	P	R	O	P	H	E	T	E	N	J	B	U	S	J

21. Aufgabe 2

a) = sind Nachkommen, d.h. zum Beispiel ein Verwandter
b) = sind verbindliche Anweisungen, ähnlich wie Gesetze
c) = Jeder Nachfahre bildet eine eigene Altersgruppe, die Generation genannt wird

21. Aufgabe 3

Glauben, Geschichte, essen, Messias, umgebracht, ausleben, Jude, Staatsgebiet, führte

21. Aufgabe 4

Das Judentum war die erste **Weltreligion**, die an nur einen **Gott** glaubte. Sein Ursprung war **Abrahams** Bund mit Gott, der sagte, dass Gott **unsichtbar** und einzigartig sei. Mose führte das **auserwählte** Volk aus der **Sklaverei** heraus und erhielt am **Berg Sinai** die **10 Gebote**. Das Volk kehrte zurück nach **Israel**. Die Geschichten und Gesetze der Juden werden in der **Thora** festgehalten und überliefert. Feste und **Bräuche** werden sehr ernst genommen - auch heute noch. Die Geschichte der Juden war oft sehr schrecklich: Sie wurden **verfolgt** und wegen ihres Glaubens **umgebracht**. Heute kämpft **Israel** dafür, vielen **Juden** eine Heimat zu geben.

Lesetraining konkret! 5./6. Schuljahr – Bestell-Nr. 11 264
KOHL VERLAG Der Verlag mit dem Baum

Lösungen

22. Aufgabe 1

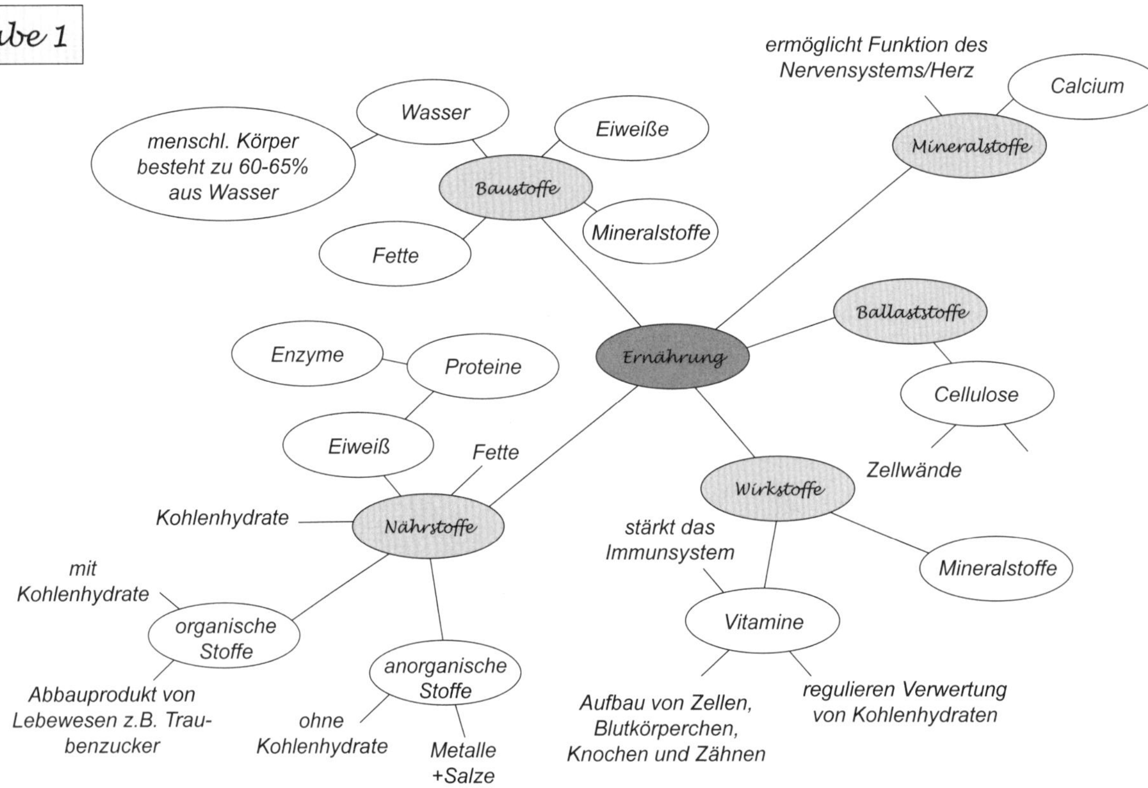

---

23. Aufgabe 1

Waveboard

Name: Waveboard

Länge: 85 cm

Gewicht: 4,5 kg

Aufbau: 2 aus Kunststoff gefertigte Fußplatten mit drehbarem Stab verbunden Vorder- und Rückseite

Anwendung:

- linkes oder rechtes Bein vorne?
- linker oder rechter Fuß vorne auf die Platte stellen.
- Zum Start mit hinterem Fuß anstoßen.
- Während der Fahrt nie nach unten, sondern geradeaus schauen.
- Kurven ausprobieren.
- Lenkung durch Druck auf Zehen oder Versen
- Zum Stoppen nach vorne abspringen

KOHL VERLAG Der Verlag mit dem Baum
Lesetraining konkret! 5./6. Schuljahr – Bestell-Nr. 11 264